A LA LUZ DE LA LUNA
HISTORIAS DE UN CINE AMBULANTE

A la luz de la luna

© Del texto: Yuri Aguilar
© Del diseño de portada: David van der Veen
© De esta edición: NPQ Editores
www.npqeditores.com
edicion@npqeditores.com

Primera edición: enero, 2025
Impreso en España

PEFC

Los papeles que usamos son ecológicos, libres de cloro y proceden de bosques gestionados de manera eficiente.

ISBN: 978-84-10453-34-0
Depósito legal: V-4525-2024

Yuri Aguilar

A LA LUZ DE LA LUNA

HISTORIAS DE UN CINE AMBULANTE

NPQ Editores

A Antonio, mi padre,
que me inculcó el amor por el cine
y me enseñó uno de los oficios
más bonitos del mundo.

ÍNDICE

1. PRÓLOGO DE ÁUREA ORTIZ VILLETA

Hay muchas formas de vivir el cine. Millones de personas lo hacemos como espectadores, disfrutando de las historias que ofrecen las pantallas, cualquier tipo de pantalla. Eso reúne dos vivencias a la vez: una sucede en la vida propia, y es el acto mismo y gozoso de ver la película, y la otra implica, a través del film, vivir vicariamente lo que les sucede a los protagonistas, sintiendo que estás en otro mundo y en otro tiempo. Estás aquí, en tu butaca, y también estás allí, sea la Inglaterra victoriana, un barco en medio del océano, Marte, la España de los años treinta o el centro de la Tierra. Todo el mundo conoce esa maravillosa sensación; es la que ha convertido al cine en una gran expresión cultural y en una experiencia, colectiva e individual, de la que no queremos, quizá ni siquiera podemos, prescindir.

Pero hay otra vivencia diferente, una en la que vida y cine son indisociables (aunque algunos espectadores también lo sientan así). Es esa gente que, además de ver cine, lo hace. Son las personas que construyen las historias que nos encandilan y nos sacan de nuestra realidad y nuestro tiempo cotidiano. Eso incluye a todo el equipo artístico y técnico de una película, a quienes no podemos más que dar gracias por dedicar su vida a hacer más feliz la nuestra. Sin embargo, ese equipo no basta para que nos llegue el resultado de su trabajo y su talento. Para que podamos sentir esa maravillosa sensación de la que hablábamos hace falta alguien más, alguien que ponga a nuestro alcance los relatos cinematográficos. Es lo que en el mundo audiovisual se conoce como distribución y exhibición, sectores integrados por otras gentes que también viven por y para el cine, aunque no siempre les recordemos.

Yuri Aguilar es uno de ellos y su vida está marcada por el séptimo arte. Entre otras muchas cosas, es, siguiendo la tradición familiar, coleccionista de cine, proyeccionista y exhibidor. Pero un exhibidor como los de antes, como los de los inicios del cine que él mismo evoca en este texto. De esos que van a una localidad y montan una proyección en la plaza del pueblo con el proyector, la pantalla, la película y todo lo que haga falta. Como el que aparece en las secuencias iniciales de *El espíritu de la colmena* (1973), la obra maestra de Víctor Erice ambientada en una España durísima, la de 1940, para la que la llegada del cine a un pueblo perdido suponía abrir un poco de luz en medio del dolor y la miseria.

Como él mismo cuenta en las páginas que siguen, han cambiado algunas cosas. La nueva tecnología que, en su momento, a finales del siglo XIX en pleno desarrollo de la sociedad industrial y urbana, fue el cine, ahora es una vieja tecnología obsoleta que está siendo sustituida rápida y, a veces, traumáticamente, por otras más ligeras, más baratas, aparentemente más eficientes. Ya no hay casi proyecciones en 35 mm. Ahora, las películas que se proyectan en las salas van en un disco duro que cabe en el bolsillo, el DCP. El soporte fotoquímico, lo que se conoce popular e incorrectamente como *celuloide*, la tira de película analógica con sus perforaciones, solo perdura en las colecciones de particulares como los Aguilar y en archivos de museos y filmotecas que, de vez en cuando, aún las proyectan. Pero el poder de convocatoria del cine y la maravillosa sensación sigue siendo la misma: no hay más que leer en este libro algunas de las historias y anécdotas que han vivido Yuri y su padre al llegar a la plaza de alguna localidad y han montado el tinglado.

El titirimundi o tutilimundi es un artefacto que ya en el siglo XVI existía, y puede que antes, consistente en una gran caja óptica que, colocada en la plaza del pueblo, proyectaba cuadros y vistas de lugares lejanos e inaccesibles. *Titirimundi* o *tutilimundi* deriva de la expresión italiana *tutti li mondi*, 'todos los mundos', porque eso es lo que ofrecía. El cine vino a sustituir a estos artefactos y a otros artilugios de proyección de nombres evocadores como las linternas mágicas, los cosmoramas, los mundonuevos, los polioramas, los dioramas, los teatros ópticos, las fantasmagorías... que permitían viajar a lugares exóticos y al mundo de los sueños y la fantasía sin moverse del sitio. Y antes las aleluyas y aucas, con su narración oral apoyada en viñetas. Y antes de todos esos artefactos: las sombras chinescas. Y mucho antes: el teatro, en el origen de todo. El cine heredó la capacidad de contar historias de todos esos artefactos y disciplinas y de evocar otros mundos. Porque es hijo de la tecnología, ya lo hemos dicho, pero también de la necesidad profunda de vivir en compañía la fascinación por las historias y las imágenes.

Yuri Aguilar podría haber sido perfectamente uno de aquellos pioneros de finales del siglo XIX que vieron en el cinematógrafo un futuro. Leyendo lo que ha escrito, sentimos el entusiasmo y la pasión de quien ama el cine y quiere que el público también lo ame, que todo funcione en la proyección para que nadie deje de disfrutar de la película. También percibimos el carácter profundamente artesanal que tienen esas proyecciones y, en el fondo, la propia sesión cinematográfica en sí misma, incluso en tiempos de soportes digitales. Pero hay más. Y es la convicción que se desprende de las aventuras vividas por los Aguilar de que, por mucho que tengamos pantallas en los móviles y ordenadores y todo nos empuje al disfrute individual de una peli en nuestro sofá, nos encanta quedar para ir al cine. El número de espectadores en las salas ha mermado, es cierto, y las plataformas y las pantallas domésticas le comen el terreno, aunque, mantengamos la esperanza, en el momento de escribir esto se están recuperando las cifras previas a la pandemia. Y es que resulta que nos gusta reunirnos para ir a ver una película, y si es en una terraza de verano en la plaza, en un parque o en la playa, todavía más. Que la pantalla grande es mucha pantalla y nos encanta mirar y que nos abrume lo que miramos, encogidos en la oscuridad. Puede que algún día ese disfrute colectivo desaparezca, aunque yo creo que no o que, en todo caso, aún tardará lo suyo en hacerlo y convivirá mucho tiempo con otras formas de consumo. Somos animales gregarios y hasta los *gamers* montan sus convenciones, sus quedadas y sus eventos de carne y hueso, para compartir espacio y emoción. Incluso los creadores de series piden que se vean en salas de cine sus creaciones porque no quieren renunciar a la experiencia de ver su obra en una pantalla mucho más grande que las domésticas y, sobre todo, no quieren prescindir del placer de compartir sus historias con una sala llena de público. Así sucede en festivales de todo tipo, sea Cannes, San Sebastián, Sitges o Cinema Jove, o en sesiones especiales de filmotecas o grandes cadenas de cines.

Verán, Yuri tiene un Delorean DMC-12. Sí, como el mítico coche de *Regreso al futuro* (Robert Zemeckis, 1985) con el que Marty McFly viajaba en el tiempo. Como la vida no es el cine, aunque a veces lo deseemos, el autor de este libro, por más que quiera, no puede salir del presente con su coche, solo moverse de aquí para allá en un vehículo que fascina a todos los cinéfilos del mundo. Pero no debería Yuri preocuparse por esa limitación, porque, en realidad, con su colección de aparatos cinematográficos y de más de mil películas en 35 mm y su entrega como exhibidor dispuesto a montar una proyección donde sea, maneja otro artilugio que, este sí, es una máquina del tiempo. Una muy bella e imprescindible que, desde que nació, nos hizo soñar y recorrer cualquier lugar o momento: el cine, tan amado y vivido por Yuri.

Comienza la proyección: pónganse cómodos en sus asientos, lean y disfruten.

Yuri Aguilar en la casa familiar de Catadau encima de un proyector de cine
Hispania Standard 65. Primavera de 1989. Foto: Antonio Aguilar

2. INTRODUCCIÓN. DE LOS HERMANOS LUMIÉRÈ AL CINE DE VERANO

Cuando en 1895 los maravillados espectadores de las primeras proyecciones públicas de los hermanos Lumiérè vieron aquel tren llegando a la estación de La Ciotat o a los obreros de una fábrica saliendo para irse a casa, jamás imaginaron que eso que estaban contemplando se convertiría en uno de los divertimentos favoritos de la sociedad. Ni siquiera lo pensaron Louis y Auguste Lumiérè, que no veían su cinematógrafo más que como una curiosidad técnica que no iba a llegar muy lejos. Lo cierto es que a pesar de la mala consideración que tenían de su propio invento, apostaron por él y ganaron mucho dinero, llevando a centenares de ciudades europeas un pequeño ejército de operadores cinematográficos que enseñaron eso tan novedoso de las imágenes en movimiento. Esos operadores, además de ser los primeros cartógrafos de la realidad cotidiana a 18 fotogramas por segundo, fueron los primeros empresarios del cine ambulante.

Como es lógico, el desarrollo y la posterior expansión del cine conllevó la aparición de múltiples oficios y el surgimiento de nuevos espacios adaptados para las sesiones donde se proyectaban las *vistas*, nombre que recibían las filmaciones antes de que se les llamara películas. En los inicios del cine, los cinematografistas alquilaban teatros para sus proyecciones, donde las carteleras alternaban las obras teatrales y sainetes con los anuncios de la proyección de películas. Las sesiones se hicieron más interesantes cuando un piano o una pequeña banda de músicos se unía al ron-

roneo del proyector. Casi inmediatamente surgió la barraca de cinematógrafo, una carpa portátil donde los primeros empresarios no precisaban de un teatro o un corral de comedias para hacer las delicias de los más curiosos. Con permiso de la autoridad municipal, o al socaire de las ferias de Julio o Navidad, los primeros exhibidores aposentaban la carpa donde fuera menester. Fue muy común a principios del siglo XX ver barracas de cinematógrafo instaladas en cualquier esquina. Poco a poco, y agotada la novedad en la primera década del siglo XX, se fueron construyendo los primeros cines, dedicados exclusivamente a la proyección de películas. En Valencia, el Cinematógrafo de la Paz, inaugurado el 26 de marzo de 1905, fue el primer local construido como cine. En la actualidad alberga una oficina de información turística en la esquina de la calle de la Paz con la plaza Alfonso el Magnánimo.

Se puede afirmar, pues, que el cine nace con vocación de ser ambulante. Las barracas de cinematógrafo coexistieron con los cines hasta que poco a poco las calles de las ciudades se inundaron de locales que cada vez tenían más butacas y pantallas de mayor tamaño. El cine vivió su primera gran expansión a principios de los años treinta: todos querían oír hablar a los personajes. El cine sonoro supuso una verdadera revolución: ya no había que leer las cartelas dispuestas cada pocos minutos en la cinta, ni era necesario que un explicador contara el argumento para aquellos que no sabían leer. Muchos actores se quedaron en paro, como Dolores Costello, abuela de la actriz Drew Barrymore, que en las primeras cintas sonoras sonaba con un terrible seseo. Otros, como Greta Garbo, reforzaron su estrellato: su acento sueco cautivó al público e incluso su primera película sonora, *Anna Christie* de Clarence Brown, le valió una nominación al Óscar en 1930. Sin embargo, y en contra de lo que se ha hecho creer durante muchos años, la mayoría de las carreras actorales que se hundieron con la llegada del sonoro lo hicieron por el cambio de gustos del público y los roles en las pantallas, más que por las voces de muchos actores y actrices. Uno de los bulos más extendidos es del actor John Gilbert: se ha repetido hasta la saciedad que su voz era demasiado aguda y femenina, y nada más lejos de la realidad.

Con la llegada del sonoro, los cines se convirtieron en auténticos palacios dedicados al séptimo arte y su tamaño y número fueron en aumento. En los centros de las ciudades, como en el caso de la calle Ruzafa de Valencia, existían auténticas mecas del cine en la que a cada paso se descubría una marquesina que anunciaba la última novedad de la Metro, de la Paramount o de Cifesa. El cine devino en el pasatiempo favorito de la ciudadanía, que salía de casa sin saber muchas veces qué película acabaría viendo. El 25 de diciembre se instituyó como una fecha oficiosa del culto al cine, donde las familias, después de una opípara comida de Navidad, iban al centro a ver una película. La que fuese. La Navidad era sinónimo de cine.

En las frescas noches de verano —que parecen ya inexistentes debido al cambio climático— la actividad cinematográfica, y también la preferencia de los espectadores, se trasladaba a los cines de verano o terrazas, como se las ha llamado popularmente. Este tipo de locales suelen abrir sus puertas a finales de junio, acabado el curso escolar, y cierran a primeros de septiembre, también coincidiendo con aquello que se ha convenido en llamar «la vuelta al cole». La terraza de verano tiene su punto exótico y casi festivo: muchos espectadores acuden con la nevera a cuestas y una bolsa con bocadillos y otras viandas para disfrutar de la cena mientras ven la película. Durante muchas décadas fue el plan estrella de muchas familias, sobre todo en las zonas de costa inundadas de veraneantes. Muchas terrazas programaban sesiones dobles, por lo que por muy poco dinero podía quedarse uno entretenido desde la puesta de sol hasta bien entrada la noche. Solo los mosquitos pueden ser casi el único inconveniente, aunque nunca un impedimento para disfrutar de una película al aire libre. De hecho, es habitual ver a los espectadores más precavidos traer algún producto repelente para los insectos y en muchas terrazas la luz de las velas antimosquitos acompaña las sesiones a la luz de la luna.

En Valencia, ya en los años cuarenta se instaló en la plaza de toros, al lado de la estación del Norte, una terraza de verano que en plena posguerra hizo las delicias de los valencianos. Poco a poco, a pesar de la maltrecha economía tras una guerra civil que asoló el país, más iniciativas fueron apareciendo y más terrazas abrieron sus puertas: la Terraza Boston, la Terraza Germanías o la Terraza Barcelona son solo algunas de ellas. En el año 2003 trabajé, casi por casualidad, en una de las más populares, la Terraza Flumen. La operadora, una de las pocas mujeres que he conocido dedicadas al noble arte de la proyección de películas, formada en tiempo récord por mi padre y yo, se accidentó el primer día de trabajo. Montando la película (que llegaba al cine en un saco de tela de arpillera con rollos de 20 minutos) puso la mano accidentalmente en los radios de la bobina desmontable que aloja la parte que va enrollándose en la bobina de largometraje y se hizo un destrozo importante que la mantuvo de baja todo el verano. No había nadie en Valencia que pudiera hacerse cargo de la cabina de proyección, así que el gerente, Francisco de la Mata, no tuvo más remedio que contratar a un chaval al que apenas le había salido barba pero que había crecido entre rollos de película y máquinas de cine. Proyecté aquel verano, entre otras, la tercera parte de *El señor de los anillos*, *Master and Commander* o *La gran aventura de Mortadelo y Filemón*.

La Terraza Flumen era el tipo de cine de verano vinculado a otro local. En invierno se programaban obras de teatro y espectáculos, y en verano, el patio del adyacente Colegio San Juan Bosco aloja-

Proyector Hispania Standard 65, usado por compañías húngaras en el cine ambulante

ba las proyecciones al aire libre. Esto resulta especialmente interesante si se tiene en cuenta que a san Juan Bosco se le considera el patrón de los cineastas. A finales de junio, el aula de informática se convertía en una improvisada cabina de proyección donde entre el 2000 y el 2006 aproximadamente mi padre y yo instalábamos un proyector Mayafot Luminik 60 propiedad del colegio. Bueno, mi padre ejecutaba la instalación y yo le ayudaba apretando tornillos o haciendo de porteador. Otros cines llamados «de invierno» compartían espacio con los de verano. Era el caso, por ejemplo, del Cine Rosaleda, propiedad del Patronato Parroquial de Benicalap. En invierno las proyecciones se hacían en la sala inaugurada en 1961 y en verano las sesiones continuaban en un patio contiguo. El proyector de 300 kg estaba montado sobre una plataforma giratoria que se desplazaba de un lado a otro de la cabina de proyección a conveniencia. A lo largo de la estancia estaban dispuestas las troneras (esas pequeñas ventanas por donde sale el haz de luz del proyector y por las que el operador observa la proyección para hacer los controles y ajustes convenientes) y en otra pared las troneras que daban al cine de verano. Cuando abría la terraza, a finales de junio, la plataforma se giraba y se empleaba el proyector para las sesiones de verano. La Terraza Lauria, desaparecida en 1972 para construir lo que hoy en día es El Corte Inglés de la calle Colón, también usó el sistema de plataforma giratoria para sus proyectores Hispania: una virguería que permitía un ahorro considerable al empresario de ambos cines.

Las terrazas fueron un negocio boyante hasta que otras formas de ocio se impusieron y las preferencias de los espectadores cambiaron. El cambio en el mapa de los cines de verano de Valencia vino determinado por el desarrollo urbanístico de la ciudad: en muchos solares donde se llevaban a cabo actividades cinematográficas comenzaron a levantarse edificios. Valencia contó con más de treinta cines de verano repartidos por toda la ciudad y sus pedanías. Hoy en día, con la Flumen tristemente cerrada, ya no hay ninguna terraza privada abierta. Hay que salir de la ciudad e ir al pueblo vecino de Alboraya, donde la horchata, para encontrar la Terraza Lumiere. Pervive en Valencia, sin embargo, la exitosa Filmoteca d'Estiu, que desde hace veinte años lleva las mejores películas al antiguo cauce del río Turia por un precio irrisorio. Se trata de una iniciativa de José Luis Rado, desaparecido director de la FV, hoy integrada en el IVC. En otros espacios como el Centre del Carme o en el edificio histórico de la Universidad de Valencia en la calle Universidad se programan ciclos de cine en verano, de muy notable calidad. Algunas agrupaciones vecinales de la ciudad organizan también cine «a la fresca», gratuito para todos los vecinos. Y muchos ayuntamientos, mancomunidades o diputaciones organizan sesiones gratuitas de cine al aire libre para los vecinos: cine ambulante con pedigrí. En este tipo de proyecciones nos vamos a centrar en el capítulo siguiente.

3. DEL VERTEDERO AL PROYECTOR: UN ORIGEN AUSTROHÚNGARO

El cine nació con vocación itinerante. Desde los inicios, las barracas que viajaban por toda España dan testimonio de que casi cualquier lugar es bueno para proyectar una película y disfrutar de la historia que nos cuenta. La aparición de los cines como locales fijos donde ir a ver qué ponen no acabó con el negocio ambulante, sino que este se fue reconvirtiendo. Tomaron caminos distintos. El verano era, y sigue siendo, la excusa perfecta para disfrutar de una sesión bajo las estrellas. Y, a veces, la película es casi lo de menos. Es la coartada ideal para reunir a la familia, juntarse con los amigos o salir con la chica o el chico que te gusta con la esperanza de robar ese beso que lleva tiempo queriendo manifestarse. ¿Cómo se articuló el cine ambulante en España?

En los años cincuenta y sesenta, y hasta bien entrados los setenta, las familias de gitanos provenientes de Hungría fueron los reyes del cine itinerante en España. No es que importaran la costumbre del Imperio austrohúngaro; es que tuvieron acceso, casi por casualidad, a la materia prima del cine: la película. En los años cuarenta, al socaire de la miseria provocada por la guerra civil, se desarrollaron en España muchos negocios de recuperación de residuos y chatarrerías. Eran habituales también aquellos que recogían papel o trapos viejos. Las distribuidoras de películas, una vez terminada la explotación comercial de un título, y después de asegurarse de que ya no iban a hacer más alquileres de una determinada película, retiraban los rollos. Los húngaros en España se especializaron en recoger películas de cine en desuso: compraban al peso miles de rollos en blanco y negro para obtener, mediante un proceso químico posterior, la plata que contenía la emulsión del celuloide. Algo parecido se hacía con las radiografías. Aproximadamente el 5 % del peso de la película de nitrato de celulosa era plata, por lo que la recogida de estos materiales, en grandes cantidades, era muy lucrativa. En la película *La invención de Hugo* de Martin Scorsese, estrenada en 2011, se explica muy bien este proceso. Esta práctica, en un contexto en el que no existían filmotecas ni instituciones dedicadas a preservar y conservar el patrimonio audiovisual, hizo que muchas películas hayan desaparecido. Para hacernos una idea: solo se conserva el 10 % del cine realizado antes de 1929. Un verdadero drama.

Sin embargo, un día a una de esas personas que trajinaba con rollos de nitrato de celulosa con alto contenido en plata se le ocurrió una idea: ¿qué pasa si en vez de fundir el material proyectamos esta película? ¿Ganaríamos dinero con la proyección? Ahí se produjo el salto: las familias de húngaros empezaron a almacenar copias en 35 mm de algunos títulos con la idea de hacer cine ambulante. En 1950 Kodak dejó de fabricar película con base de nitrato de celulosa altamente inflamable por el peligro que suponía (todos tenemos en la retina la escena del incendio en *Cinema Paradiso*) y comenzó a producir película en triacetato de celulosa, ininflamable, pero con menos contenido en plata que el nitrato, lo que la industria denominó el «soporte de seguridad». Con esto hubo una devaluación del negocio: había que conseguir más cantidad de película para sacar la misma plata que antes. Lo de proyectar las películas que compraban al peso parecía una idea cada vez más interesante.

Sin embargo, no todas las empresas que proyectaban películas al aire libre estaban compuestas por húngaros venidos a España ni todas tenían el mismo acceso a las copias. Lo primero que se planteaba una compañía de cine ambulante era conseguir una copia en 35 mm de una película, de cuánto mayor éxito, mejor. No es que la película se pirateara como se hacía con un VHS o un DVD: a cada uno de los positivos de proyección de una película en fotoquímico o analógico se le llama copia.

La copia de la película se podía obtener también sobornando al responsable del almacén donde se guardaban las películas. Cada distribuidora tenía un almacén regional donde el exhibidor recogía las películas que proyectaba en su cine y las devolvía con posterioridad. Como un videoclub, pero a lo grande y solo para profesionales. Por una cantidad de dinero adecuada o un jamón con más o menos pedigrí, alguna copia se *extraviaba* y acababa en manos de estos húngaros, que al cabo de varias décadas habían conseguido tener un archivo nada desdeñable. También solían aprovechar el momento en el que una distribuidora, saturada de títulos más antiguos y ya explotados comercialmente hasta la saciedad, tiraban el material para hacer espacio a las nuevas copias de los próximos estrenos. Solo había que saber a qué vertedero iban a parar las miles de latas de lo que ya no se tenía previsión de alquilar. Por lo general, las copias que acababan en un vertedero se mutilaban antes para evitar que nadie las pudiera utilizar. El método preferido por los distribuidores era el del hachazo: con un hacha de tamaño medio se practicaban cortes en las bobinas que en el peor de los casos partía el rollo en dos, resultando unas tiras de película de poco más de dos palmos y en el mejor, un ligero corte en un lateral. En ambos casos, la película se podía recomponer con una empalmadora de celo. Lo que era inevitable era ver los empalmes en proyección. Muchas de las copias que proyectaban estas compañías habían sufrido esta terrible mutilación y los espectadores tuvieron que ver proyectadas copias en muy mal estado. En mi colección tengo una copia hachada de *La isla de los hombres peces*, de Sergio Martino, que mi padre consiguió cuando las copias eran algo escaso entre los coleccionistas. Mi madre, con mucha paciencia, hizo cientos de empalmes para recomponerla. Conservamos esa copia más que nada por nostalgia. Una fechoría adicional que cometían las distribuidoras a la hora de expurgar materiales de su almacén era separar el primer rollo y el último de cada copia para que no fueran al mismo vertedero. De esta manera, si alguien por casualidad se topaba con unos rollos de película, no podría recomponer el metraje completo. En nuestro archivo conservamos varios títulos de los cuales nos falta el primer y último rollo, ya que fueron expurgados de una distribuidora usando este método.

Otra posibilidad que tenían las compañías de cine ambulante era la de adquirir una copia legalmente, aunque esto no conllevaba en ningún caso la cesión de los derechos para su proyección. Las películas necesitan, al menos en España y esto no ha cambiado, una licencia de exhibición que caduca pasado cierto tiempo y que hay que renovar. A mediados del siglo XX existían en España decenas de distribuidoras; ahora son un puñado que monopolizan la distribución. Nombres que ya no suenan de nada como Berga Cinedía, Pelimex, Suevia Films, Araba, CB Films, Exclusivas Morellá o Selecciones Fuster tenían en distribución o subdistribución un amplio catálogo de títulos. Los derechos de muchas películas, pasado cierto tiempo y cuando ya no eran lucrativas, se revendían a otras distribuidoras como las que he enunciado. Los dueños acometían el tiraje o fabricación de copias nuevas, normalmente en España en los Laboratorios Arroyo, Fotofilm Madrid o Cinematiraje Riera. Estos últimos fueron, como curiosidad, los que realizaban el tiraje de las copias del NO-DO, los noticiarios-documentales producidos por el Estado y cuya proyección en los cines fue obligatoria entre 1943 y 1975. El tiraje de copias de grandes producciones se solía hacer en los laboratorios de Technicolor o Deluxe en Londres, lo que garantizaba positivos de mayor calidad. Cuando la película empezaba a acumular polvo en las estanterías del almacén, el dueño a veces vendía las copias. Siempre había alguien interesado en los rollos, que eran adquiridos «para colecciones privadas».

Obtenida la copia, por el método que fuese, una costumbre muy arraigada entre estas compañías ambulantes era la de hacer reducciones de la película que conseguían. Si era un título de casi dos horas, se esforzaban en que el metraje nunca durara más de hora y media. Las escenas menos relevantes o de menor peso para la historia y los títulos de crédito se cortaban, como hacía con los besos Alfredo, el operador de *Cinema Paradiso*. En el mejor de los casos, el material cortado se guardaba para volver a ponerlo más adelante, ocasión que, por desgracia, para los sufridos espectadores nunca llegaba. Hace unos años, mi padre y yo compramos un archivo proveniente de una de estas compañías y la mayoría de cintas venían mutiladas y eran reducciones de una hora y veinte minutos o una hora y veinticinco. Algunas películas, muy pocas, conseguimos recomponerlas con su metraje original, como fue el caso de *Tedeum*, un excelente *spaghetti western* de Enzo G. Castellari con Jack Palance y Giancarlo Petre.

Tener una buena copia de una película en 35 mm no era solo el primer paso para poder hacer una sesión de cine: lo era todo. Hoy en día basta con buscar en internet y seleccionar el contenido que queremos ver o descargar. Hasta la aparición de los formatos domésticos como el VHS (Video Home System) o el Betamax, las únicas posibilidades de ver una película concreta eran o verla en un cine o tener una copia en 35 mm o 16 mm, el formato semiprofesional preferido por los cineclubes. También se vendían y alquilaban reducciones o largometrajes íntegros en super-8, pero el catálogo era muy limitado y los precios no eran para todos los bolsillos. Para que una película fuera emitida en televisión debíamos esperar años. Y con una parrilla de una o dos cadenas, ver ciertos títulos era algo improbable, por no decir imposible.

Para dar vida a la película, estas compañías empezaron a dotarse de tecnología, no siempre la más puntera. El proyector debía ser lo más ligero y pequeño posible, toda una odisea dado que, por su naturaleza, factura y construcción, una máquina de cine de 35 mm tiene un peso muy considerable. Un proyector estándar suele rondar los 300 kg de peso y medir casi dos metros de altura. La razón principal de elegir algo ligero (cuando se puede) es que hay que llevarlo al lugar elegido, montarlo, manejarlo; y acabada la sesión, desmontarlo y llevárselo. Esto incluye la pantalla y los altavoces que se usen para el sonido. Populares fueron en esa época los modelos Standard-65 de Hispania fabricados en Madrid, que eran bastante más ligeros que los OSSA o los Wassmann coetáneos, y también más baratos. Dada la precariedad con la que operaban muchas de estas iniciativas, muchos de los proyectores eran verdaderas máquinas sacadas del laboratorio del doctor Frankenstein, hechos a piezas de unos y otros, de modelos muchas veces del cine mudo y que no trataban la película como ya lo hacían proyectores más modernos. Hay que recordar que la película cinematográfica tiene que correr a 24 fotogramas por segundo por los rodillos dentados de una máquina óptico-mecánica y que de la calidad de sus componentes y su fabricación depende que la copia dure más o menos pases en buenas condiciones. A esto hay que añadir que el operador que montara la copia en bobinas debía tener una pericia y un cuidado que en muchos casos era inexistente: el resultado es que las copias provenientes de aquellas sesiones han llegado al día de hoy en muy mal estado.

Una empresa de cine ambulante en aquella época (y quizá en la actual, como veremos más adelante) se parecía mucho a un circo, por lo curioso del planteamiento y lo extravagante de la ejecutoria. Hoy en día, las instituciones o los particulares nos llaman, eligen película y fecha y, acabada la proyección, se les facturan los servicios prestados. Lo normal, vaya. Lo mismo opera con las orquestas o los hinchables para niños. Los húngaros no esperaban a que nadie les llamara: iban ellos. Primero decidían en qué pueblo iban a proyectar. La sesión de cine se anunciaba con carteles manufacturados con mejor intención que diseño. Quedaban claros el lugar, la película y la hora. Gratuito para todos los vecinos. La autoridad municipal pocas veces se oponía: hace algunas décadas las regulaciones sobre el espacio público no tenían el desarrollo ni la complejidad actual, ni tampoco ofrecían la seguridad jurídica vigente. Además, los responsables municipales debían de pensar que les había tocado la lotería: venían a poner cine y nadie tenía que pagar. No es que los cinematografistas ambulantes fueran una ONG ni que actuaran por amor al arte. También se requerían sus servicios ocasionalmente y previo pago. Pero siempre había una forma de cobrar.

La película se proyectaba en dos partes y debía durar lo menos posible, de ahí que los húngaros redujeran el metraje lo máximo que la lógica permitía. Además, un sistema de largometraje para 35 mm es pesado y un complemento tecnológico que muchos proyeccionistas ambulantes decidían no incorporar a su equipo: era más cómodo ponerla en dos bobinas. A mitad de sesión, la primera bobina se agotaba y había que cambiar el rollo para la segunda parte. El parón era inevitable, por lo que aquí entraban en escena una grey de vendedores de boletos para la rifa que iba a tener lugar en el descanso de la película: lo más popular fue siempre la botella de Terry, un brandi de Jerez reconocible por una envoltura de malla amarilla muy característica. La recaudación por las ventas de boletos era siempre irregular, pero eran ingresos nada desdeñables. Además de la rifa, los húngaros vendían comestibles y frivolidades para acompañar la proyección. Las compañías más ambiciosas llevaban algunos instrumentos musicales para amenizar, un espectáculo habitual en el forzado intermedio: una cabra que se subía a una escalera y que hacía las delicias del público, sobre todo de los más pequeños, que era más o menos generoso cuando el platillo circulaba entre el respetable. Dado el volumen de oficios enumerados, puede dar la sensación de que estas compañías eran grandes. Tampoco tanto: el pluriempleo permitía que el proyeccionista fuera a su vez el del acordeón y que la señora que vendía la rifa fuera la que manejaba hábilmente a la cabra. Entre la rifa, la venta de golosinas y la cabra, daba para vivir.

Finalizada la proyección, tocaba retirar la tela que hacía las veces de pantalla, colocada en ocasiones en sitios imposibles con cuerdas, palos u otros adminículos. Cargado el que era muchas veces el único altavoz, le tocaba el turno al proyector. ¿En una furgoneta? Mi padre asegura que llegó a ver un Hispania Standard-65 desmontado y bien colocado en la baca de un Mini. Yo nunca lo he visto, pero me lo imagino.

Se proyectaba muchas veces en algún interior, debido a que, para hacer cine al aire libre, hasta que no cae la noche, es imposible que en la pantalla se vea la película con claridad. Pabellones municipales, centros parroquiales o colegios se cedían para el evento, que reunía a decenas, si no cientos, de personas. Incluso a principios de verano, cuando anochece tan tarde, hay que esperar mínimo a las 22:00 para poder empezar una sesión. Esto que parece una obviedad no lo es tanto para mucha gente: un concejal de cierto sitio que no mencionaré me pidió poner cine al aire libre a las seis de la tarde. La pregunta, formulada sin ningún tipo de rubor, me recordó a aquella escena tan impresionante de la película *El show de Truman* de Peter Weir, donde encienden y apagan el sol a placer. Le dije al concejal, tratando de no reírme, que esa tecnología aún no estaba inventada. No hay verano en el que algún regidor, generalmente el de cultura, no nos pida proyectar al aire libre a la hora en la que los veraneantes empiezan a tomar la merienda después de la siesta.

Este planteamiento tan circense del cine ambulante se repetía por toda España, pueblo a pueblo. Varias familias, los Jiargovich —que trabajaban la zona central de la península— o las diferentes ramas de los Radoselovics —radicados en la zona de Levante—, llevaron el cine a los lugares más insospechados. Montaron sesiones en pueblos donde no había cine y muchas personas, sobre todo el público más pequeño, vio una película de cine por primera vez en su vida. Hacia los años ochenta, este tipo de ejecutoria fue desapareciendo paulatinamente y las regulaciones, tan necesarias, hicieron que muchas compañías se profesionalizaran. Ya no desembarcaban en una aldea ni se iban a la aventura: ofrecían sus servicios a instituciones y se anunciaban en las Páginas Amarillas. Comenzó también a ser necesario tener la licencia de exhibición de una película para proyectarla y las *majors* empezaron a perseguir a la piratería, que desgraciadamente a día de hoy, por la democratización de la tecnología cinematográfica, no solo pervive, sino que se ha intensificado. La desaparición del formato de 35 mm como estándar de exhibición ha hecho, como veremos en los próximos capítulos, que con una inversión mínima se hagan proyecciones ambulantes de dudosa calidad y sin los permisos necesarios.

Jorge Rado fotografiado en una proyección ambulante ofrecida por su familia en los años sesenta. Foto cortesía de Jorge Rado

4. EL EQUIPO DE PROYECCIÓN COMIENZA EN LA PANTALLA

El cine ambulante hoy en día ha prescindido de la cabra, por fortuna. Probablemente si alguien osara aparecer con el bicho no tardaría en llegar el SEPRONA o algún funcionario local a pedir la autorización para la semoviente, confiando en que esta no mordiera a nadie. Las cosas han cambiado mucho, y para mejor. Nadie rifa ya botellas de brandi y los equipos que se usan son, en la mayoría de casos, profesionales y de primer orden. Las copias, hoy en día digitales, no proceden de ningún vertedero.

Sobre el mes de mayo, si no es año electoral, lo habitual es ponerse en contacto con los ayuntamientos, mancomunidades y diputaciones. Los años electorales complican la contratación: los comicios locales son generalmente en mayo o junio y el cambio de corporaciones dificulta la comunicación con los responsables. En año de elecciones solemos llegar muchas veces a primeros de julio con apenas fechas contratadas. Sin embargo, hay muchos contactos hechos al cabo de los años e incluso amistad personal con técnicos de cultura, concejales o alcaldes, sobre todo de pueblos pequeños. Es importante anticiparse a la confección de los calendarios culturales del verano. La mayoría de pueblos deciden organizar alguna proyección en plenas fiestas patronales, días en los que el municipio se llena de gente, farolillos de colores y algarabía. Personalmente, siempre he insistido en «desestacionalizar» las proyecciones: ocurre que en muchos pueblos, durante siete o diez días, hacen bailes, toros, cine, verbenas, carreras de sacos y bingos populares, y el resto del verano aquello parece un erial. A mi juicio, conviene repartir las actividades: entre el fin del curso escolar —a finales de junio— y el comienzo del siguiente —a principios de septiembre— hay tiempo para hacer de todo. Esta práctica es cada vez más habitual y favorece a las empresas de servicios culturales: en una semana no hay tiempo para concentrarlo todo y esto perjudica seriamente a las contrataciones, ya sea de orquestas o de cine ambulante.

Elaborado el calendario de proyecciones de verano, vamos de pueblo en pueblo. Cuando uno se dedica a poner cine al aire libre va adquiriendo con el tiempo ciertas manías como la de, al llegar a cualquier plaza, pensar en cuál sería el lugar idóneo para colocar la pantalla. Aunque solo vaya de paseo. Pero el ojo clínico se va aguzando con el tiempo. Por lo general, llevamos un bastidor portátil que se adapta a cualquier espacio. Otras veces, el municipio nos proporciona un andamio del tamaño requerido para montar sobre él la pantalla de PVC microperforado. De moda están ahora las pantallas hinchables, que requieren más personal para su montaje y son muy vistosas, sobre todo por su marco negro, en ocasiones más grande que la propia área de proyección.

A pesar de lo idílico que pueda parecer, y lo muy identificado con el verano que esté, hay un sitio que conviene evitar a toda costa: la playa. Nosotros solemos rechazar este tipo de emplazamientos por lo peligroso y complicado que resulta. La explicación es científica. Durante el día, la tierra está más caliente que el agua: el aire aumenta de presión y origina un desplazamiento de las masas altas de este hacia el mar. El vacío que se forma en la zona costera para recuperar el aire que se ha escapado por las zonas altas produce un viento hacia la costa desde el mar. De esta manera se origina durante el día la brisa marina tan buscada por los que gustan de una jornada de playa. Pero por la noche el efecto contrario establece la brisa de tierra. En este caso, el mar está más caliente que la tierra y en las capas altas el aire se dirige a tierra creando un vacío en las capas bajas de la atmósfera marina que atrae el aire desde tierra hacia el mar. Por la noche se produce brisa desde tierra hacia el mar. Todo esto, que cualquier escolar ha visto en su clase de Conocimiento del Medio, se experimenta cada noche sin remisión. Poner una pantalla en la playa hace que esa brisa nocturna golpee contra la tela provocando un efecto bandera. Y el aire, cuanta mayor es la superficie contra la que choca, más fuerza ejerce. Si se coloca la pantalla en perpendicular a la orilla, hay alguna posibilidad de que la pantalla no se mueva, pero si se hace en paralelo, a pesar de los anclajes y los múltiples esfuerzos para que se sostenga, la probabilidad de fracaso es muy alta.

En el verano de 1996, mi padre fue requerido por el Ayuntamiento de Castellón de la Plana para proyectar dos películas en la playa del Pinar. Al oír playa, Antonio torció el morro, y con razón. Aquello fue un proyecto grande en conjunto con varias empresas: mi padre aportaba el transporte, montaje y desmontaje del equipo, además del trabajo de operador. Las copias, la pantalla, el proyector y el sonido los proporcionaban otra empresa. Como se puede ver en la foto que tomó mi padre, la pantalla está colocada en paralelo a la orilla, y encima de la arena, contra los consejos que dio. El político de turno lo quería así. Otro problema para cualquier instalación a orilla del mar es que una mínima brisa en la playa provoca una laminación de la arena que va mermando la base sobre la que se sujeta la plataforma de la pantalla, o incluso de la plataforma donde se coloca el proyector. El primer día llegó con la suficiente antelación para montarlo todo. Como era habitual, yo le acompañaba a estas proyecciones, que me parecían toda una aventura. Normalmente los que nos dedicamos a este

Instalación al aire libre en la playa del Pinar de Castellón. Verano de 1996.
Foto: Antonio Aguilar

noble arte empezamos por montar la pantalla, así que mi padre desplegó, junto con los ayudantes que llevaba, la estructura metálica que le habían proporcionado. Tratando de montar aquel galimatías de tubos llegó a una conclusión: la estructura no tenía tornillos y la mayoría de piezas metálicas estaban dobladas y no encajaban. No hubo tiempo de buscar alternativa y ese día la proyección se suspendió.

Al día siguiente, una empresa de la zona montó la estructura que se ve en la foto y consiguió colocar la pantalla de PVC. La película empezó con puntualidad con los acordes de Ennio Morricone: *Cinema Paradiso* es siempre una elección magnífica para proyectar al aire libre. Lo malo fue que el viento nocturno en la playa arrastraba arena y los espectadores tenían que entrecerrar los ojos. Con el moreno veraniego, parecían esquimales. La pantalla, azotada por el viento, parecía aguantar.

Por la noche el equipo se guardaba en el Planetario, que estaba justo enfrente. La pantalla se quedaba montada. Al día siguiente se proyectaba *Un mundo de fantasía*, de Mel Stuart, con una copia con hachazos sin reparar. Al menos era tecnicolor, lo que garantizaba ver a Gene Wilder interpretando a Willy Wonka con unos colores impresionantes. Al llegar, a media tarde, mi padre y yo vimos lo que ya temía: la pantalla estaba en el suelo. Se trató de levantar entre media docena de personas, pero la arena había semienterrado la estructura caída por el viento y, además, aquello pesaba mucho. Parecía que no iba a haber cine esa noche. Sin embargo, había un as en la manga. Mi padre metió el furgón con el que transportaba el material dentro de la playa, por la pasarela de madera y teniendo la precaución de que la mitad de las ruedas estuvieran siempre sobre la plataforma. Sobre la caja del furgón se proyectó la película, que se rompió media docena de veces y obligó a parar durante unos minutos la proyección cada vez. El viento, junto con los cortes de los hachazos de la copia, hicieron estragos. Al acabar, con todo desmontado, el furgón cargado quedó atascado en la arena. Tuvo que venir una grúa a sacar el mamotreto como colofón a la serie de catastróficas desdichas que habían convertido las idílicas proyecciones en la playa en un vía crucis.

Hoy en día las pantallas hinchables ofrecen ciertas garantías para una proyección en la playa. Sin embargo, no son tampoco la panacea. El equipo de proyección también sufre: la arena y el salitre no son totalmente compatibles con equipos electrónicos. Los espectadores que opten por una sesión con las olas del mar de fondo se exponen a dejarse la espalda: no hay quien aguante cómodamente dos horas sentado en la arena. Y no todo el mundo se acuerda de traer la tumbona. Cuando algún concejal me pide poner cine en la playa trato de disuadirle. Basta con decirles que se exponen a no ser reelegidos en las próximas elecciones. Y suele funcionar.

Yuri Aguilar proyectando *Pokémon* al aire libre en el Auditorio de Carlet.
Verano del 2000. Foto: Hugo Ayala

La mejor pantalla que pueda uno encontrar haciendo cine al aire libre es, sin duda alguna, una pared blanca: el área de la proyección puede ser enorme, el viento no la mueve y no hay que desmontarla al terminar la sesión. Rara vez se nos presenta la ocasión de tener una pantalla blanca delante. En Bonrepòs i Mirambell, un pueblo en la comarca de l'Horta Nord a pocos minutos de la ciudad de Valencia, nos encargaron unas proyecciones en el frontón municipal. La alcaldesa quiso que las sesiones fueran lo más baratas posibles: le sugerí que pintaran una pantalla en la pared del frontón y así lo hicieron. La factura adelgazó y el material para la proyección cabía en un coche tipo sedán. En el verano de 2011 fuimos a Pedralba a proyectar *Viaje mágico a África*, una soporífera película que a día de hoy aún trato de olvidar. Al llegar al sitio elegido para la sesión, me di cuenta de que había una pared blanca recién pintada donde me habían pedido poner la pantalla. La pared era la fantasía de cualquiera que se dedicara a ofrecer cine al aire libre. Hablé con la persona responsable y le dije que proyectar sobre la pared ofrecía ventajas. Sobre todo que íbamos a poder hacer una pantalla de diez metros frente a la de siete que yo llevaba con el bastidor. Me dijeron que no, que montara mi pantalla. Donde manda patrón, no manda marinero.

Nuestro sistema favorito y el de la mayoría de las empresas que llevan a cabo proyecciones ambulantes es el de bastidor portátil que se eleva con torres de iluminación, sobre el asfalto u otra superficie plana y teniendo puntos de agarre la pantalla se mantiene firme, siempre que no haga mucho viento. No pesa excesivamente y con pantallas de hasta siete metros una persona sola puede montar, desmontar y operar todo el sistema. Para pantallas más grandes se usan torres más grandes y pesadas, por lo que hay que implicar a dos técnicos y llevar un vehículo más grande. Al llegar a cualquier proyección, el técnico analiza el espacio y decide cuál es el mejor punto para colocar la pantalla. Por lo general, espacios como un parque, una plaza diáfana o el patio de un colegio son lugares donde colocar la pantalla ofrece seguridad en el montaje y a los espectadores una amplia visión. Ante la duda: hay que hacer caso a los que saben, que para eso llevamos años en esta industria. Aunque hay personas que quieran enmendarte la mayor.

En el verano de 2004 fuimos mi padre y yo a proyectar *El último samurái*, protagonizada por Tom Cruise, a un pequeño pueblo de la provincia de Valencia, Ràfol de Salem en la comarca de la Vall d'Albaida. Al llegar, un responsable nos enseñó la plaza donde había que hacer la sesión. Era diáfana, con suelo de cemento y un escenario hecho de obra, que era bonito pero demasiado alto en comparación a donde se iba a sentar el público. Estaba diseñado, sin duda, para una banda de música o para una pequeña representación teatral. De haber puesto allí la pantalla, incluso dejándola a ras del suelo del escenario, quedaría tan alta que el público iba a sufrir de tortícolis aguda al día siguiente. Los cuatro metros de alto de la tela desaconsejaban colocar la pantalla ahí. Es fácil imaginarse el panorama. Con el responsable, cuya autoridad ya no recuerdo, convinimos en que íbamos a invertir el montaje: a los pies del escenario, el proyector, un portátil de 35 mm M-105 de 1000 watios de xenón, muy compacto e ideal para proyectar cine en la calle. Al otro lado de la plaza, frente a unas canastas de baloncesto, pondríamos el bastidor con la pantalla.

Con todo montado y en plenas pruebas de sonido, apareció una inesperada comitiva municipal a supervisar la operación. A la cabeza iba el alcalde, un señor de aspecto basto y descuidado que gritaba y hacía muchos aspavientos. Cuando comprobó que la pantalla no estaba donde él había sugerido (imagino que el proyecto de escenario constaba en su haber) gritó más aún encarándose con nosotros. Le seguían muy de cerca un tipo que no dijo nada memorable y una joven concejala que estaba aterrorizada y le pedía que se calmase. Poco tardamos en percatarnos de que el primer edil iba borracho, dado que balbuceaba, perdía el equilibrio constantemente y, además, olía a taberna. Su queja era que no habíamos puesto la pantalla sobre el escenario: mi padre le explicó que era demasiado alto y que la pantalla quedaría demasiado por encima, obligando a poner la primera fila muy lejos y forzaría a los espectadores a mantener una posición muy incómoda durante todo el metraje. La concejala y el acompañante asentían entendiendo por buena la explicación y dando por zanjado el asunto. El alcalde insistía y usó la carta del clasismo para reforzar sus argumentos: «Los de ciudad os creéis que los de pueblo somos tontos». Yo, a mis 15 años, asistía a la escena con incredulidad. La concejala tiraba del brazo del alcalde invitándolo a irse a casa a «descansar un poco», orden que acató sin demasiado convencimiento y sin dejar de farfullar. Al poco, con las pruebas de sonido e imagen ya concluidas, y esperando la llegada de los primeros espectadores, la regidora volvió para pedirnos disculpas por la actitud del alcalde, que trató de justificar por la excesiva ingesta de cordiales. La proyección fue un éxito y los espectadores disfrutaron de un Tom Cruise a caballo y blandiendo con destreza la catana. Hubo aplausos al final. Pero nunca volvieron a contratarnos.

No siempre todos los vecinos se prestan a disfrutar de la agradable sesión de cine a la luz de la luna. Es muy común, estando en el puesto de proyección con la película en marcha, recorrer con la mirada los edificios cercanos. En muchas ventanas se aprecia la luz que desprende algún televisor encendido en la oscuridad del salón, lo que me hace pensar que muy bueno ha de ser el programa que estén poniendo en vaya usted a saber qué canal o cuán fresco será el aire acondicionado del vecino televidente. Viendo los fulgores que desprende la caja tonta a través de las cortinas, me acuerdo de aquella cita que dice que la televisión ayuda a dormir y el cine ayuda a soñar. También hay vecinos que directamente amenazan la proyección.

Almorzando con mi buen amigo Vicent Ramón Montaner, compañero de profesión y ducho en las lides del cine ambulante, me contó una anécdota que me hizo soltar una buena carcajada. Fue a proyectar una película al aire libre a Benisuera, un pequeño pueblo de 180 habitantes de la comarca de la Vall d'Albaida en la provincia de Valencia. La plaza del pueblo, centro neurálgico de cualquier evento cultural, era un lugar diáfano y con pendiente, ideal para la sesión planeada. Como es lógico, la pantalla con su bastidor iba a ir colocada en la parte baja de la plaza y el proyector en la parte alta, emulando la disposición tradicional de un cine. En el momento de atar las cuerdas que sostienen el bastidor y lo protegen de las previsibles brisas nocturnas, Vicent eligió la única ventana con barrotes que había en ese lado de la plaza. Rematando el nudo salió el dueño de la casa, un señor mayor con muy mala leche que se quejó de que eso de atar cosas a la ventana de su casa no era para nada de su agrado. Vicent trató de explicar que la cuerda no afectaba a su ventana y que era cosa de un par de horas en todo caso, que la película que iban a poner merecía la pena. El señor no parecía dejarse convencer y el enfado iba en aumento. Amenazó con sacar la escopeta para impartir justicia e impedir que nadie atara nada a la fachada de su casa. Vicent, entre atónito y temeroso, acató. Trasladaron la pantalla, ya montada, a la parte superior de la plaza, de manera que el proyector lo tuvieron que poner en la puerta de la casa de este vecino, nada atraído por la cinefilia. Vicent estuvo toda la proyección echando la vista atrás, esperando que el aprendiz de Charles Bronson no saliera a quejarse por el ruido del proyector o el sonido de la película. Recuerdo que algo similar me ocurrió proyectando una película al pie de las escaleras del monasterio del Puig de Santa María: no pude convencer a la inflexible propietaria de una reja y tuve que unir dos cuerdas para atar un lateral de la pantalla a una papelera que había en una esquina. Ni en Benisuera ni en el Puig hubo heridos, pero no se puede negar que esta profesión tiene sus riesgos.

En ocasiones, el propio municipio nos proporciona un bastidor para que solo tengamos que colocar la tela de la pantalla. En estos casos, el sistema es habitualmente un andamio de obra, cuya construcción modular y la facilidad para ser anclado da mucho juego a la hora de plantear una proyección al aire libre. Además, suele permitirnos poner una pantalla mucho más grande, a veces hasta de 10 metros de ancho. El espectáculo, en tales casos, está asegurado.

El verano del 2001 acompañé a mi padre a Chelva, un agradabilísimo pueblo del interior de Valencia, en la comarca de la Serranía, conocido por su ruta del agua. Nos habían encargado proyectar *Gladiator*, el exitazo de Ridley Scott protagonizado por Russell Crowe. La proyección iba a ser en el frontón municipal, un espacio acotado y perfecto para poner cine al aire libre. No era el sitio más ideal, ya que no se podía entrar con la furgoneta: unas escaleras de obra obligaban a subir todo el equipo a mano hasta el recinto del frontón. Nada que ver con aquellos espacios en que basta con sacar el material del vehículo y montarlo a pocos metros. Mi padre había gestionado con el Ayuntamiento el asunto de manera que ellos asumían el montaje de un andamio y nosotros colocaríamos la pantalla encima del mismo. Al llegar, no había nada montado y nosotros, como es lógico, solo llevábamos la pantalla, sin ningún soporte sobre el que colocarla. La cara de mi padre era un poema.

Tras varias llamadas, en una época en la que no todo el mundo tenía teléfono móvil, asumimos que íbamos a tener que inventarnos algo: desde casa a Chelva había más de una hora de coche y no daría tiempo a recoger y montar nuestro bastidor. Después de subir el material hasta la pista del frontón, mi padre se ausentó y yo me quedé armando el proyector, un Marín MP30 de 35 mm con linterna de 1000 watios de xenón que había diseñado y construido mi padre. Me sabía el equipo de memoria: para mi primera comunión mi padre me regaló uno. Fabricado en Barcelona, fue muy popular entre las empresas que dábamos cine en la calle: era ligero y fiable. Llegamos a tener al menos cuatro y por nuestro taller pasaron varias decenas de unidades que reparábamos o mejorábamos gracias a la inventiva de Antonio.

Al rato volvió mi padre con una bolsa de una ferretería: unos clavos de acero, un martillo y un rollo de cinta americana de color gris. Por otro lado, apareció alguien de la brigada municipal con una escalera de electricista de varios tramos. Me explicó el plan B y desplegamos la pantalla. Mi padre se subió a la escalera y trató de clavar varios clavos para colgar de ellos los ojales de la pantalla: a pesar de estar hechos de acero, se doblaban ya que el frontón estaba construido con hormigón. No había manera. Pasamos al plan C: mientras yo sujetaba una esquina de la pantalla subido a una torre de sillas apiladas, mi padre iba pegando los bordes con ojales a la pared con la cinta americana. Cuando terminamos, habiendo agotado casi todo el rollo de cinta, aquello parecía más una instalación artística que otra cosa. Pero funcionó. Alguna esquina hizo amagos de despegarse, pero habíamos dejado la escalera puesta al lado de la pantalla, y mi padre, sentado en la primera fila, iba repasando con la mano la cinta para que se quedara pegada en el sitio. Es lo que tiene pegar una tela de unos 20 kg de peso a una pared con cinta americana.

Cada verano volvemos a Chelva, pero desde hace años las proyecciones se hacen en la plaza Mayor, con un éxito tremendo. Los vecinos acuden en masa a ver cine en las frescas noches. Conviene, sobre todo a finales de agosto, llevar algo de manga larga en

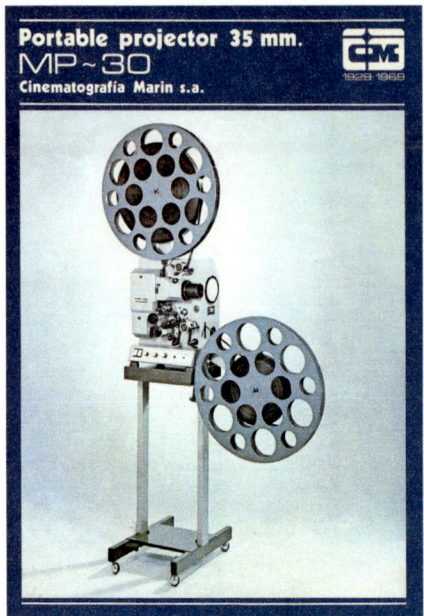

Proyector Marín MP30, uno de los más utilizados
en los años noventa y dos mil en las sesiones de
cine al aire libre

el coche, por si acaso. Y el bastidor, desde hace mucho tiempo,
también lo ponemos nosotros.

Un par de años más tarde, en el verano de 2003, proyectamos en
el pueblo de Cotes, en la Ribera Alta de Valencia, *Sucedió en Man-
hattan*, una comedia romántica protagonizada por Jennifer López
y Ralph Fiennes. Este pequeño municipio cerca de Xàtiva era un
cliente habitual. Aquella noche había dos proyecciones contratadas en dos sitios a la vez, lo que no era nada infrecuente. En esos
casos nos desdoblábamos: mi padre iba a un pueblo y Mari Carmen (mi madre) y yo, a otro. Esta ocasión fue algo muy especial:
nos acompañó, desde el montaje de los rollos en las bobinas hasta
que nos fuimos terminada la proyección, un equipo de Televi-

sión Española. Ese verano emitían en el telediario de la noche un reportaje sobre oficios de verano: los que ponían y cobraban las hamacas en las playas, los músicos de las verbenas y por supuesto, los que hacíamos cine ambulante.

Al llegar a la plaza Joaquín Martínez, centro neurálgico de las actividades veraniegas, explicamos a Xaquín López, el reportero encargado de contar aquella peculiar historia, cómo íbamos a montar todo el asunto. En el balcón de la casa consistorial colgaríamos la pantalla, un sistema que usábamos en ocasiones y que ofrecía seguridad y comodidad: no requería llevar el bastidor a cuestas. En Tous, otro pueblo de la provincia de Valencia conocido por la presa que reventó en 1982, también colgábamos la pantalla del balcón del ayuntamiento. En el centro de la plaza de Cotes, la televisión me entrevistó mientras montaba el proyector Marín MP30 de 35 mm con sistema para dos bobinas de 1800 metros, con el que teníamos que hacer un pequeño descanso al proyectar la película en dos mitades. Lo de la televisión me tenía entusiasmado. Mi madre hizo unas declaraciones mientras yo terminaba de hacer los últimos ajustes y después, ya empezada la proyección, entrevistaron a unas vecinas: testificaron que tener el cine en la puerta de casa, pudiendo ver la película a la fresca, era una cosa superior. Las noches siguientes estuvimos pendientes del telediario hasta que, finalmente, emitieron el reportaje. Aquella noche mi padre y yo estábamos en el Club Diario Levante, un centro cultural del periódico *Levante-EMV* donde mi padre ejercía de proyeccionista algunos días entre semana. En la cabina, al lado del proyector Mayafot, había una pequeña televisión en la que iban saliendo una tras otra las típicas noticias veraniegas: calor, incendios o la ocupación hotelera en Málaga, que rozaba el 100 %. Letizia Ortiz, hoy reina consorte de España, presentaba las noticias. «¡Ya sale, ya sale!», le advertí emocionado a mi padre. Los algo menos de dos minutos del reportaje nos encantaron: eran el retrato fiel de nuestro trabajo. Al finalizar la emisión, Antonio recibió una llamada. «Ya llegan las felicitaciones», debió decir mi padre. Al otro lado del teléfono no había ningún vecino adulador ni ningún maravillado televidente: era Francisco de la Mata, gerente de la Terraza Flumen. A los pocos minutos, yo iba en un taxi en dirección al popular cine de verano mientras la operadora de la Flumen iba camino del hospital. Fue, sin duda alguna, un verano de lo más interesante.

Yuri Aguilar, en la cabina de proyección del Club Diario Levante, desmontando una película después de la sesión. Junio de 2006. Foto: Antonio Aguilar

5. DESPUÉS DE LA PANTALLA VA EL PROYECTOR

Resuelto el asunto de la pantalla, cualquier cinematografista ambulante instala el proyector, generalmente y siempre que el espacio lo permita, a unos 30 metros de la pantalla, ya que a esa distancia la improvisada cabina de proyección queda lejos de la última fila y no molestamos a los espectadores. La razón de poner primero la tela es que durante el montaje del bastidor uno puede tomar la decisión de mover unos metros toda la estructura debido a lo cerca, lo lejos o lo convenientes que sean los puntos de anclaje. En ocasiones durante el montaje uno resuelve que hay un escalón que salvar, un desnivel que afecta a la estabilidad del aparataje o un tirante que no queda del todo centrado. Si el proyector y el control de sonido han sido montados antes que la pantalla, y esta no está finalmente donde uno creía, puede ser necesario moverlo todo otra vez. El sabio refrán valenciano, *faena de matalafer, fer i desfer,* ya nos advierte de lo conveniente de hacer las cosas bien desde el principio para no tener que hacer el trabajo dos veces.

Hasta el año 2015 la industria de la exhibición usaba proyectores para formato de película de 35 mm. Desde esa fecha, el 99 % de las proyecciones ambulantes que se hacen en España son digitales. A finales de junio mi padre iba a Valencia desde nuestra casa en Catadau a por las películas que proyectaba las semanas siguientes. Era una ruta de distribuidora en distribuidora, unas películas de esta, otras de aquella. Con diez o doce años cargaba con los cinco, seis o siete rollos que tenía cada película, unos 25 kg por saca. La recompensa por mi trabajo de mozo porteador era una Coca-Cola en algún bar de Ruzafa o En Corts, según fuera la última distribuidora que visitáramos. Mi almacén de películas favorito era el de United International Pictures (UIP), donde trabajaba Pepe García, al que yo llamaba y sigo llamando cariñosamente Pepito. Siempre me regalaba algún tráiler o algún juego de fotocromos, hoy desaparecidos. En el bar de enfrente, mi padre nos invitaba a los dos a un refrigerio antes de volver a casa. A la semana siguiente, la operación se complicaba: había que devolver unas películas y recoger otras. Así todo el verano.

Generalmente proyectábamos la película en dos partes, debido a que un sistema de largometraje no es nada portátil y cuando se trabaja al aire libre cualquier cosa de la que se pueda prescindir, ayuda. Si la película tenía cinco rollos, montaba tres más dos. Si tenía seis, tres más tres. Con las de siete rollos hacía un esfuerzo montando cuatro más tres, aunque la cinta de la primera bobina sobresaliese un poco. Con *Titanic*, *Piratas del Caribe*, *Harry Potter* o *El señor de los anillos* había que hacer malabares, porque todos esos títulos tenían entre ocho y diez rollos. En las proyecciones más comprometidas o en aquellos sitios donde tenían más presupuesto llevábamos un carro de largometraje que te permite proyectar la película sin hacer descanso, pero no era lo más habitual: el equipo no era tan manejable. En todo caso, un pequeño intermedio de dos minutos era más que deseable: la lámpara del proyector descansa y algunos espectadores aprovechan para ir al baño si hay alguno cerca o para comprar alguna golosina en los bares aledaños. El personal de los bares donde solemos comprar la cena después de montar y probar todo el equipo coincidía: el pequeño descanso a mitad de película aumentaba la venta de chucherías, helados y refrescos. Nada como ayudar a la economía local.

En el verano de 2002 fuimos mi padre y yo al barrio del Cristo de Quart de Poblet a proyectar *Una mente maravillosa*, de Ron Howard con Russell Crowe en el papel de un brillante matemático. La película de 130 minutos iba montada en dos bobinas. El responsable, al ver que habría que hacer descanso, se inquietó. Le pidió a Antonio si no era posible proyectarla del tirón. En mi ingenuidad, esbocé una mueca fanfarrona esperando la negativa de mi padre. Sin embargo, le dijo que no se preocupara, que no habría descanso. Yo abrí los ojos como platos. Fue aquella noche y en aquel sitio donde aprendí lo que era el «pase aéreo». Aunque yo había oído hablar de aquel truco casi circense, no lo había visto hacer nunca. La maniobra consiste en que, quedando unos dos minutos de película en la bobina que se va a agotar, se estira de la cinta haciendo que los últimos metros caigan al suelo hasta que uno consigue coger la punta. Mientras se sujeta el final del rollo con los labios apretados, se quita la bobina vacía y se pone la bobina llena en el brazo de entrega. Se hace el empalme para unir el final de un rollo con el principio del siguiente y se recoge lo que aún no se ha consumido. El empalme recién hecho no tarda en pasar por el proyector, y al pasar, se parte el celo empleado para juntar las dos partes y se quita la bobina llena, poniéndose la vacía. En eso consiste el pase aéreo: un prestigio digno de un mago que te ahorra parar, pero con el riesgo de que algo salga mal y con la certeza de que la película toca el suelo y se llena de suciedad, algo que en condiciones ideales hay que evitar a toda costa. Solo lo hice otra vez, unos quince años después en el Teatro Moderno de Alginet, donde trabajaba los fines de semana. La primera entrega de la trilogía del Batman de Christopher Nolan, *El caballero oscuro*, no me cabía en una única bobina y el gerente casi me prohibió que hubiera intermedio. Recordé aquella noche de verano y a mi padre explicándome el pase aéreo. Aquello era como ir en bicicleta, que no se olvida.

Nuestro proyector favorito era el ya mencionado Marín MP30. Teníamos varios, unos con lámpara halógena de 500 watios y otros con lámpara de 1000 watios de xenón que usábamos en las proyecciones que requerían más potencia cuando la pantalla era más grande. Sin embargo, también usamos en algunas proyecciones el Mayafot Minor, al que mi padre apodó el Mariflores, dado que era un aparato muy pequeño. Tenía en su haber el honor de ser el único proyector portátil de 35 mm fabricado en Valencia, un ingenio de los hermanos Carbonell del que se hicieron menos de 100 unidades, lo que lo convertía en una rareza. Al no tener mucha potencia de luz, lo usábamos para proyecciones en casas de cultura o al aire libre siempre que la pantalla no fuera muy grande y las condiciones de oscuridad fueran muy buenas.

Durante un verano usamos un Wassmann Multikino fabricado en Madrid, cesión de una empresa que nos contrató para proyectar varias películas en Valencia y Castellón y nos proporcionó el equipo. Incorporaba sistema de largometraje y era muy luminoso: tenía una linterna con lámpara de 2000 watios de xenón con un

Antonio Aguilar proyectando al aire libre con un equipo Wassmann Multikino portátil. Verano de 2003. Foto: Yuri Aguilar

rectificador italiano de la casa Cinemec que encendía cuando quería, pero funcionaba. Algunos veranos llevábamos un proyector de 35 mm de cabina, sobre todo en las proyecciones con pantalla de ocho o diez metros. En Vilamarxant o Benaguasil, donde el cine al aire libre era y sigue siendo un éxito rotundo, montábamos una OSSA VI-C con linterna Proyecson Xenoluxe de 4000 watios, con potencia de sobra para llenar el pantallón. No era, sin embargo, lo más cómodo: descargar, montar, desmontar y volver a cargar el proyector era una operación de casi dos horas. Los casi 300 kg del equipo no lo hacían precisamente portátil.

Usar diferentes proyectores en configuraciones variadas te curtía en el manejo de las máquinas. Es como conducir coches automáticos o manuales y más grandes o pequeños: al final, el bagaje adquirido se nota en la conducción y en la seguridad con la que enfrentas la carretera. Con los equipos pueden surgir problemas de diferente naturaleza, pero al final, se use el proyector que se use, hay que saber improvisar una solución: no se puede dejar la pantalla a oscuras.

Casi terminado el milenio, en el verano de 1999 fuimos mi madre y yo a Llíria, en el interior de la provincia de Valencia, a proyectar *Celebración*, del danés Thomas Vinterberg. Como amenazaba lluvia, la proyección se trasladó a la Casa de la Cultura. Montamos en el pasillo central de la sala el Marín MP30 y nos ahorramos el montar la pantalla, puesto que ya había una en el local. Un alivio, pensamos. Cuando nos dispusimos a «tirar foco», que es encender el proyector sin película para ver qué tamaño de cuadro hace la lente que hay puesta y ajustarla a la distancia y al tamaño de pantalla, nos dimos cuenta de que faltaba una pieza llamada *camisa*, que es la que sujeta la lente en el proyector. De repente, sudores fríos. Al cargar el equipo en el coche uno va siempre repasando todos los elementos, montándolos virtualmente en la cabeza para que no se olvide nada. La camisa no es algo que vaya separado del proyector, por lo que en algún momento la pieza se sacó en el almacén y se usó para otra cosa, sin que fuera repuesta. La inventiva en estos casos es fundamental: mi madre pidió unos cartones en la barra del bar y con ellos y algo de papel higiénico fabricó la camisa para ajustar la lente al proyector, lo que tras las pruebas pertinentes parecía funcionar sin mayor problema. Comenzada la sesión, aquello empezaba a desenfocarse, por lo que mi madre trataba de ajustar el foco todo lo posible. En algunos planos, no había manera. Mari Carmen se pasó toda la película de pie al lado del proyector tratando de que el foco no se moviera, lo que achacamos, sin duda, a la pieza improvisada que habíamos fabricado. En el cambio de bobina, un curioso espectador se acercó a contemplar la operación, lo que era muy frecuente. El tipo debió de preguntar algún detalle técnico del asunto y mi madre en algún momento le debió de decir que sentía los desenfoques, que faltaba una pieza y hacía lo que podía. El espectador, algo extrañado, señaló que no era un problema del equipo: ya había visto la película y estaba rodada así. El director había hecho desenfoques adrede con la intención de vete tú a saber qué. Imagino la desesperación de cientos de operadores de cabina en todo el mundo tratando de enfocar. Desde aquel día, no hemos olvidado nunca la camisa del proyector y Vinterberg no es el director favorito de mi madre. De hecho, no quiso ver *Otra ronda* y eso que le dieron un Óscar.

Ese mismo verano fuimos mi padre y yo a proyectar la magnífica *Salvar al soldado Ryan* de Steven Spielberg a Anna, un precioso pueblo de la comarca de la Canal de Navarrés. Recogimos la copia con sus contundentes nueve rollos en el almacén de UIP de la calle Bernia de Valencia. Al ser tan larga iba en dos sacos y no en uno. El encargo del cliente era traer la película y proyectarla en un cine de verano que parecía que llevaba años cerrado. Nos dijeron que había proyector, pantalla y sonido: solo necesitaban un operador y la copia. Monté la película en la bobina más grande que teníamos, pues la cinta tenía casi 4000 metros de largo. Nos llevamos otra bobina igual en la que se iría enrollando el metraje ya proyectado. Al llegar a la cabina recordé los documentales sobre Chernóbil y Prípiat, la ciudad en la que vivían los trabajadores de la malograda central soviética. En efecto, aquello llevaba años cerrado y semiabandonado, y aunque el patio de butacas tenía el lustre adecuado para una proyección, la cabina estaba en mal estado. Constaba de dos habitaciones: la principal tenía un proyector OSSA VI-C con linterna 60A de arco voltaico, una gran conocida, pues esta fue, sin duda, la máquina de cine más popular en España. La otra habitación, con parte del techo hundido y en la que unas palomas habían hecho un nido, tenía un banco de madera con una bobinadora manual para bobinas de máximo 1800 metros, el equivalente a tres partes o un máximo de una hora de cinta. Ni rastro de sistema para largometraje. El sistema de carbones hacía un par de décadas que estaba en desuso, aunque en algunos cines remotos se seguía utilizando. Mi padre, visto el panorama, no se achantó. Habíamos llegado con bastante tiempo de antelación y limpiamos como pudimos la máquina. Mi padre pergeñó, con una varilla de metal y unas maderas, un soporte para la bobina con 2 horas y 49 minutos de película. Probamos el arco voltaico y usamos unos carbones cobreados que no dieron problemas, a pesar de lo frágiles que se habían vuelto dada la antigüedad del material.

El metraje ya proyectado se iba bobinando en bobinas de 1500 metros e íbamos cortando por los empalmes que unen los rollos, un trabajo de artesanía que merecía una recompensa. En la entrada del cine unos muchachos del Proyecto Hombre (una ONG que ayuda a personas a superar las adicciones) vendían bebida fresca, así que mi padre me dio 1000 pesetas y me envió

a comprar una cerveza y una Coca-Cola. El primer disgusto fue
que no vendían alcohol, así que se contentó con otra Coca-Cola.
El segundo disgusto fue la imposibilidad de encontrar un bar
en todo el pueblo que vendiera bocadillos. Nos fuimos de allí
pasada la una de la madrugada con una bolsa de patatas fritas
en el estómago y la certeza de que éramos capaces de proyectar
una película por adversas que fueran las condiciones. Eso no lo
puede decir cualquiera.

En el verano de 2003 comenzamos a proyectar películas al aire
libre en uno de los municipios en los que llevamos muchos años
trabajando, Castellón, en la Ribera Alta de Valencia. A pesar de
que su nombre histórico fue Castelló de Xàtiva, durante un tiempo
se llamó Castelló de la Ribera, luego Villanueva de Castellón y tras
un par de agitados referéndums, ahora es Castellón a secas, pero
no hay que confundirlo con Castellón de la Plana, capital de la
provincia de Castellón. Toponimia al margen, el lugar elegido para
el cine de verano era la plaça de l'Om, un emplazamiento ideal:
plano, diáfano y fresco por la noche. La esmerada programación
cultural incluía entre la cartelera una película clásica casi todos los
veranos. Aprovechando que en 2002 se reestrenó *El gran dictador*
de Charlie Chaplin y había copias en 35 mm de una espectacular
versión restaurada, la pidieron. Sin embargo, a pesar de que nosotros proveíamos todo el material necesario para la proyección,
la copia se trajo ya montada de otro cine el mismo día. Montamos
la pantalla, los altavoces y el Marín MP30 con un sistema de largometraje fabricado por mi padre, muy ligero y modular. Al poco
aparecieron dos tipos con la película, cargándola entre los dos
como si fuera una paella. Al tratar de colocarla en el proyector, la
bobina de grandes dimensiones no entraba en el eje de la máquina.

Durante décadas se había usado en España el eje de 9 mm para las
bobinas de los proyectores. Cuando los sistemas de largometraje

se popularizaron, apareció el eje de 13 mm, más grande y adecuado para el mayor peso de las bobinas. Sin embargo, algunos fabricantes de proyectores y bobinas usaron el eje de 12,7 mm (media pulgada), que era algo más fino. Los siete rollos de la obra maestra de Chaplin vinieron montados en una bobina de 12,7 mm y el eje del proyector era de 13 mm. Los 3 mm de diferencia eran un problema que parecía insalvable. La inventiva de mi padre volvió a ponerse en marcha: desmontó el eje de la entrega del proyector y le dio la vuelta, ya que en su parte interior tenía una varilla más fina. Con dos sillas plegables de madera haciendo de caballete, consiguió sujetar la bobina en algo parecido a lo que había hecho cuatro años antes en Anna solo que ahora parecía más una instalación artística digna de una exposición del IVAM. No quitó ojo a aquel ingenio en toda la película, que se proyectó en una plaza abarrotada de público que nunca fue consciente de que unos milímetros de diferencia en un eje podían haber echado al traste aquella sesión. Años después, mi padre consiguió una copia de la versión restaurada de *El gran dictador* para nuestra colección. La sátira de Chaplin sobre Hitler siempre ha sido mi película favorita desde que la vi en el año 2002, a pesar de aquel lío con el eje. Al fin y al cabo, Chaplin no tenía la culpa.

Rara vez hemos suspendido una sesión por la rotura de algún material. En más de veinticinco años de profesión habrá ocurrido tres o cuatro veces, como mucho. Con los equipos digitales es más común que algo falle: los sistemas analógicos son mucho más fiables, ya que la electrónica tiene menos presencia y en todos los casos es más fácil repararla. Los viticultores y los cinematografistas ambulantes tenemos en común que miramos al cielo más que el resto de los profesionales, unos esperando que llueva y nosotros esperando que no lo haga. O al menos, que llueva cuando ya nos hayamos ido. Un viento demasiado fuerte supone también una grave amenaza: la pantalla se convierte en una vela de barco en mitad de la nada y, por mucho que tendamos amarres, puede haber algún desastre. En más de una ocasión he acabado de pie encima de los trípodes de la estructura, tratando de que mi peso ayudara a resistir la fuerza del viento. Si amenaza lluvia o ha llovido esa tarde, lo más conveniente es posponer la sesión o trasladarla a un interior. Que caiga un chaparrón en mitad de una proyección es algo fatal, pues los equipos, a pesar de las protecciones para la lluvia que solemos llevar, no están hechos para el agua. Los altavoces que montamos al aire libre son especiales para intemperie, pero una gota de agua en el sitio adecuado puede arruinar una proyección. En Cotes, donde Televisión Española nos acompañó en 2003, amenazaba lluvia unos veranos después. Con todo montado y con el equipo de proyección cubierto, cayeron cuatro gotas, insuficientes siquiera para mojar el suelo, pero una gota se coló en la rejilla del amplificador y al encenderlo, se cortocircuitó. Nos habíamos quedado mudos, en el sentido literal de la palabra. En aquella ocasión acompañaba yo a mi padre, que estuvo al quite. En la plaza se veían los altavoces que usaba el consistorio para el bando con los que anunciaba los decesos, la venta de loterías y otras informaciones municipales de relevancia. Si había altavoces había un amplificador, pensó mi padre, que acompañó a un concejal al interior del ayuntamiento. A los pocos minutos salió del edificio con gesto triunfal y un pequeño amplificador de no más de 50 watios en la mano. Después de la proyección lo devolvimos a su sitio y a los pocos días mi padre ya había reparado el amplificador dañado por el agua. Ni MacGyver lo hubiera resuelto mejor.

El verano de 2014 supuso una verdadera transición y la tecnología que usaban los cines, también los ambulantes, cambió completamente. Desde los inicios del cine se pueden encontrar un sinfín de hitos tecnológicos espaciados en casi 130 años. Seguramente la llegada del sonoro en 1929, el cine en color desde comienzos de la década de los treinta, el cinemascope en 1953, las tentativas de que la audiencia vea películas en 3D o el sonido multicanal a partir de los ochenta con el Dolby Stereo, el Dolby Digital o el DTS son de los más relevantes en la historia del séptimo arte. Por lo que respecta al cine en casa, los formatos de vídeo como el VHS, el Betamax o el DVD y Blu-ray permitieron que las películas se pudieran ver de forma masiva en los hogares. En todo caso, por lo que respecta a la evolución tecnológica de la exhibición de películas a nivel comercial, el formato estrella siempre fue el de 35 mm y, eventualmente, el 70 mm que han recuperado recientemente grandes cineastas como Christopher Nolan o Quentin Tarantino.

A principios del milenio ya hubo tentativas de sustituir el cine en formato fotoquímico por los digitales. Si bien la tecnología de vídeo para cine estaba en pañales, en 1999, *La amenaza fantasma*, de George Lucas, fue una de las primeras películas en proyectarse comercialmente con máquinas digitales, que todavía no ofrecían la misma calidad que una copia positiva de 35 mm. Hubo que esperar casi una década para que el cine digital se impusiera definitivamente al fotoquímico. A mediados de 2013, la gran mayoría de cadenas de exhibición en España ya contaban con tecnología digital en sus salas y las distribuidoras anunciaron que para finales de año ya no se iban a estrenar más películas en 35 mm. El DCP (Digital Cinema Package) sustituía al celuloide y las copias ya no llegaban en rollos a los cines, sino en discos duros. Se sustituyó una tecnología centenaria sin ningún tipo de obsolescencia por proyectores digitales que, en síntesis, son un gran ordenador con sistema antipirateo. Todos saben qué les pasa a los ordenadores que tienen más de siete u ocho años, o a los teléfonos móviles que tienen más de tres: hay que sustituirlos porque la obsolescencia programada se pone en marcha el mismo día en el que son adquiridos. Muchos colegas del sector ven los discursos antidigitales como una especie de ludismo del siglo XXI, una reticencia al progreso, pero lo cierto es que la tecnología digital no ofrece las mismas texturas, colores ni experiencia audiovisual que ofrece un proyector de 35 mm. El cine digital siempre es una imitación del fotoquímico. Por ponerle números al asunto: la información que contiene un fotograma de 35 mm estándar varía entre los 5,6K y los 6,5K. *Titanic*, por ejemplo, se rodó en super-35, que contiene unos 7,4K de información aproximadamente. Sin embargo, los cines instalaron proyectores 2K porque además no existía nada con más definición, aunque ahora ya es común la tecnología 4K en muchas salas. Es como si el Museo del Prado hubiera sustituido los óleos de Velázquez o Sorolla por iPads gigantescos. Un desastre.

Durante el verano de 2014, las empresas de cine ambulante tuvimos que adaptarnos al cambio, jubilar los proyectores portátiles de 35 mm y adquirir proyectores digitales. Con la impuesta transición al digital, la copia ya no había que recogerla en un almacén autorizado y devolverla una semana después. Ahora, Warner, Disney o Fox te envían a la Fnac o a El Corte Inglés para que compres una copia en Blu-ray y en el peor de los casos, en DVD. Solía adquirir muchas de las copias en MediaMarkt, pero durante el verano de 2024 comprobé con desagrado que habían dejado de vender películas en formatos físicos. Satisfaciendo los correspondientes derechos de exhibición, no hay control sobre la calidad de las copias que se proyectan. El cambio de modelo y la apuesta por la tecnología digital democratizó el cine ambulante y entraron al terreno de juego empresas de dudosa legalidad que con un proyector para PowerPoint y una copia descargada de internet hacen proyecciones de ínfima calidad. Al haber desaparecido el estándar de 35 mm, prácticamente cualquiera que tenga un equipo mínimo puede hacer una proyección por mala que sea, lo que perjudica tanto a las empresas que hacemos una inversión constante en materiales como a los sufridos espectadores que se ven obligados a ver cine en la calle con proyectores que distan poco de un juguete caro.

Antonio Aguilar observa el desarrollo de la proyección al aire libre. Foto: Yuri Aguilar

El cine digital y el analógico convivieron aquel verano de 2014. La última proyección de una película de reestreno que hicimos al aire libre en 35 mm fue *Zipi y Zape y el club de la canica* en la localidad de Chelva, donde cada verano hasta trescientas personas llenan la plaza de la Constitución para ver cine bajo las estrellas. Ese verano nos llamaron de Camporrobles, un municipio situado en el interior de la comarca de Utiel-Requena donde por la noche, en verano, conviene llevar manga larga. El título elegido por el ayuntamiento fue *Gravity*, una excelente película de Alfonso Cuarón con Sandra Bullock y George Clooney. A pesar de que tanto *Zipi y Zape y el club de la canica* como *Gravity* se habían estrenado el mismo día de octubre de 2013, para el verano siguiente Warner ya no ofrecía copias en 35 mm de la odisea espacial que se había llevado siete Óscar, un Globo de Oro y seis BAFTA. Era una pena: teníamos que proyectar una copia en Blu-ray con el recién estrenado proyector Vivitek que habíamos adquirido unos meses antes y que en la actualidad se encuentra jubilado, puesto que ya se ha quedado obsoleto para sorpresa de nadie y disgusto de muchos.

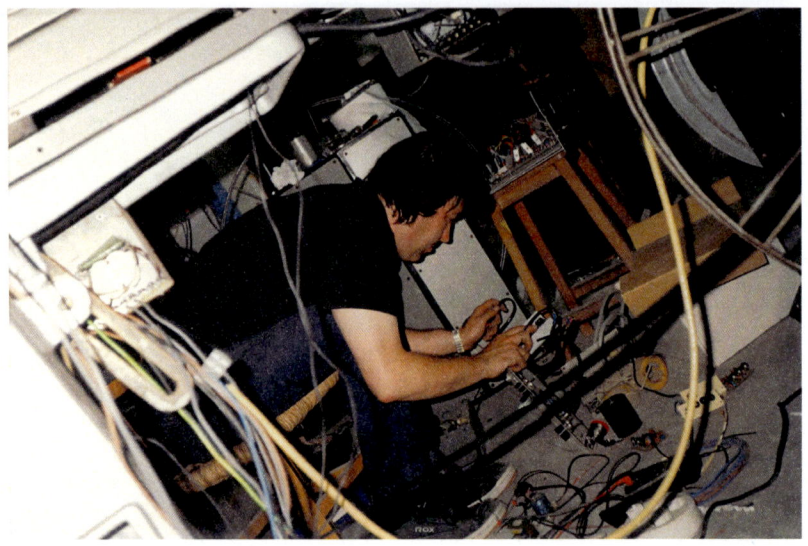

Antonio Aguilar instalando el proyector de la Sala B de la Terraza Lumiere de Alboraya. Verano del 2000. Foto: Hugo Ayala

A la hora convenida, la proyección arrancó sin novedades bajo un cielo estrellado que maridaba perfectamente con la película elegida. Era la primera vez que proyectábamos la oscarizada cinta, que fue de las más demandadas aquel verano. Sin embargo, no salía sonido por los altavoces. Yo me había acercado a un bar a por sendos bocadillos para que cenáramos mi padre y yo, y al llegar lo encontré peleándose con el equipo. La Estación Espacial Internacional brillaba en la pantalla, suspendida en el espacio entre un silencio sepulcral. Entre el público algún espectador reclamó más volumen y otros directamente se quejaban de que no se oía nada. No había sonado ni siquiera la cabecera de Warner. Le dije a mi padre que no se dejara llevar por el pánico:

la primera escena era muda. No es que Cuarón quisiera hacer un homenaje al cine silente: debido a la falta de atmósfera, en el espacio exterior los sonidos no se propagan y, por tanto, el silencio es el rey. Con los primeros ruidos de las comunicaciones entre los astronautas el público volvió a centrar su interés en la película y Antonio respiró aliviado: no se había roto nada. Para evitar la confusión del público en sesiones posteriores de *Gravity*, añadí un micrófono al equipo de sonido y antes de comenzar cada proyección advertía al respetable las razones de la falta de sonido en la primera escena. Micrófono en mano, no podía evitar recordar la figura del explicador, aquel que en las sesiones mudas de los primeros años del cine leía las cartelas para el público que no sabía leer. No se puede negar que en este oficio hay que saber hacer de todo.

6. ¿QUÉ PELÍCULA PONEMOS?

Elegir bien la película o los diferentes títulos que se van a proyectar en la calle no es una tarea que convenga tomarse a la ligera, y no cualquier título sirve a tal propósito. Desde hace unos años, cuando nos contratan cine ambulante, facilitamos la tarea al alcalde, concejal o técnico de cultura que se encarga de la programación: enviamos una lista de unos treinta títulos ya seleccionados y que resultan convenientes para el aire libre. Lo primero que hay que tener en cuenta es que la Ley 55/2007 de 28 de diciembre, llamada ley del cine, en su artículo 15 apartado 4 establece que «las Administraciones Públicas que efectúen proyecciones cinematográficas gratuitas o con precio simbólico, no incluirán en su programación películas de una antigüedad inferior a 12 meses desde su estreno en salas de exhibición». Esta regulación pretende proteger a las salas de exhibición de una competencia desleal. A pesar de esto, nos siguen pidiendo exhibir películas que todavía están en la cartelera de los cines. Y no hay verano en el que no nos pidan algún título al que aún le quedan meses para su estreno. En este oficio las risas suelen estar aseguradas.

La lista que solemos ofrecer se compone de películas que tienen al menos un año y garantizamos que la distribuidora nos conceda los derechos de exhibición en el municipio que las solicita. Pasado ese filtro indispensable, elegimos películas que hayan sido éxitos indiscutibles y que siguen suscitando el interés de los potenciales espectadores, procurando que los títulos hayan obtenido la calificación para todos los públicos. Generalmente a las proyecciones ambulantes acuden familias con niños pequeños:

no es nada agradable ver críos atemorizados por fantasmas, asesinos en serie u otras criaturas del averno. Las de animación suelen gustar a todos y por eso es común que representen el 50 % de la lista que enviamos. El cine en la calle pide carcajadas: no hay nada como ver al respetable muerto de risa, por lo que las de terror y las de mucha sangre quedan descartadas. Esto no significa que no proyectemos películas para público adulto. En algunos municipios esperan un público más de género y menos familiar y se atreven con títulos que harían llorar a más de una criatura. En todo caso, advertimos a los responsables de que salirse de una línea editorial puede traer disgustos. Es desolador ver llegar a una familia entera presta a tomar asiento y al preguntar qué película poníamos, irse por donde habían venido porque la temática no era adecuada para los más pequeños de la casa. Cuando tal cosa ocurre nos defendemos con la misma frase: «nosotros no elaboramos la programación».

Es fundamental tener en cuenta la duración de la cinta: conviene no pasarse de la hora y media o la hora y tres cuartos. La razón es muy simple: no es lo mismo estar sentado en una cómoda butaca de cine o en el sofá de tu casa que en una silla de plástico. A partir de la hora de película ya no sabe uno cómo sentarse. Aquellos que sean padres sabrán que mantener la atención de los niños más allá de los noventa minutos es todo un logro. En la calle, cuanto más corta sea la película, mejor será la experiencia general del público. Afortunadamente, para los que hacemos cine ambulante las sagas de *El señor de los anillos*, *Piratas del Caribe* y *Harry Potter* se dan por cerradas, aunque la mayoría de las películas que se hacen hoy en día duran al menos dos horas.

A la hora de programar cine al aire libre hay que huir también de los gustos personales. Hace unos veranos me pidieron proyectar *Tenet*, de Christopher Nolan. A pesar de que es una de mis películas favoritas (fui cuatro veces a verla al cine), es un galimatías de casi tres horas encerrado en un rompecabezas que hay que ver al menos dos o tres veces para entender las complejas tramas temporales que se entrelazan en la historia. En la calle hay muchos factores que pueden distraer al espectador: un coche que toca el claxon, unas luces que se encienden o vecinos que pasean con un perro que ladra. De ahí la importancia de filtrar las películas por su complejidad, que no debe ser excesiva. Las mejores historias para poner en la calle son aquellas que si te pierdes un par de minutos por la razón que sea, puedas seguir viéndolas sin que tengas que preguntarle al de la fila de atrás qué ha pasado. Por fortuna, el concejal acabó dándome la razón: *Tenet* era una obra maestra, pero para verla en el cine o en la tranquilidad del hogar, así que pusimos otra. No conseguí disuadirle por mucho tiempo con el argumento de que una duración o una complejidad desmedida eran factores a tener en cuenta a la hora de descartar poner una película en la calle. En el verano de 2024, el concejal me pidió proyectar *Oppenheimer*, la oscarizada biografía del padre de la bomba atómica dirigida por Christopher Nolan. 180 minutos exactos. No hay culo que resista tres horas en una silla de plástico: muchos espectadores, a pesar de la calidad de la película y de la proyección, abandonaron a mitad deseando sentarse en algo más mullido.

Hay ocasiones en las que a pesar de los esfuerzos es imposible acertar con el título. En el verano de 1997 fui con mi madre a Chulilla, en la comarca de Los Serranos. Posiblemente sea unos de los pueblos más bonitos de la provincia de Valencia. Nos encargaron, a través del Servicio de Asistencia y Recursos Culturales de la Diputación de Valencia, proyectar una película del catálogo que el propio SARC ofrecía: *Más que amor, frenesí*, dirigida por el trío Alfonso Albacete, David Menkes y Miguel Bardem. La hora elegida era las seis de la tarde, pero nos habían dicho que se proyectaría en un lugar cerrado en el que la oscuridad necesaria estaba garantizada. Llegamos sobre las cuatro de la tarde y no localizamos a ningún responsable. Al final, en el bar de los jubilados nos dijeron que la película no era a las seis, sino a las diez de la noche. Alguien había cambiado la hora de la proyección sin avisar a la que posiblemente sea la parte implicada más importante, que éramos nosotros. Chulilla está a poco más de una hora de nuestra casa, por lo que irnos y volver más tarde estaba descartado, pues tampoco íbamos a ganar nada. Mari Carmen y yo hicimos algo de turismo por el pueblo, algo especialmente recomendable siempre que no sean las cuatro de la tarde de mediados de julio. Poco más podíamos hacer. Completamos la espera en algún bar, tomando un refrigerio que se hacía eterno.

Sobre las ocho de la tarde apareció una señora que, revestida de autoridad, nos indicó el sitio. La memoria empieza a fallar cuando tratas de recordar espacios que has visitado una sola vez hace veintiocho años, pero lo cierto es que este lugar lo recuerdo bastante bien. El emplazamiento de la proyección era una suerte de frontón interior con alguna pared de roca y suelo de cemento. Era una especie de caverna, en la que mi imaginación infantil de ocho años imaginó a unos neandertales alumbrándose con una fogata al caer la noche. Había que recorrer algunos escalones de piedra para acceder al recinto, por lo que fue preciso subir el equipo a mano. Mi madre y yo completamos con esfuerzo la operación y en poco más de cuarenta minutos el equipo, uno de los Marín de 35 mm y la pantalla de PVC microperforado, lucía solemne en medio de un mar de sillas blancas que en breve estarían ocupadas por los espectadores, que comenzaron a llegar pasadas las nueve de la noche. El respetable se componía prácticamente de personas mayores, ya que, según nos dijo alguna señora, la proyección estaba encuadrada en las actividades de «la semana del jubilado» o algo por el estilo.

Con el campanario del pueblo anunciando las diez en punto y sin una silla vacía a la vista, arranqué el proyector y las luces se apagaron. La responsable se acercó a nosotros y nos dijo entre susurros que volvería en un rato, ya que otras obligaciones la reclamaban. Nos quedamos a cargo del asunto mi madre y yo, viendo la película. El filme era una comedia romántica de ritmo frenético y con muchas relaciones entrelazadas. A mi aquello, en mi infancia, me parecía un lío monumental. Al poco de comenzar aparecieron en la pantalla dos zagales de buen ver en la ducha, teniendo un tórrido momento de sexo bajo el agua sin escatimar en gemidos. No eran cuatro besos: era una escena de sexo gay explícito. Aquello debió de parecerle demasiado a nuestro público, que en ese momento se levantó en masa y salió huyendo del salón. Algunos se tapaban los ojos con las manos, otros lanzaban alguna expresión de desagrado, y los más beatos se santiguaban. Pero lo cierto es que antes de que el coito llegara a su fin, nos habíamos quedado mi madre y yo prácticamente solos. Un matrimonio mayor que estaba en una fila intermedia permanecía sentado en sus respectivas sillas, mirando la proyección muy de reojo y sin demasiado interés. A los pocos minutos de la espantada general, la pareja que aún permanecía inalterable a los escarceos de dos hombres en una pantalla se acercó tímidamente a mi madre y le confesaron que se quedaban porque les daba pena que nos quedáramos ella y yo solos. Mari Carmen, entre risas, zanjó el asunto: podían marcharse tranquilamente porque si no había público apagábamos el proyector y cada mochuelo a su olivo. Aliviados, estos jubilados se despidieron educadamente y apretaron el paso para salir de aquel cine improvisado, no fuere cosa que vieran alguna nalga de más. Yo apagué la máquina, que apenas había consumido la primera bobina. Encendimos las luces y empezamos a desmontar cuando al poco apareció la mujer que nos había dejado al frente de todo aquello, que no entendía qué ocurría: había pasado poco más de un cuarto de hora y ya estábamos recogiendo los bártulos y cargándolos en el coche. Sin escatimar en detalles, mi madre le contó lo sucedido mientras la señora se iba poniendo cada vez más blanca. Le confesó que no había visto la película, que la había elegido porque el título y la sinopsis le habían gustado, que era una película romántica. Nunca nos volvieron a llamar.

Esto deja bastante claro que no se puede programar una película en la calle sin tener la certeza de que el título resulta conveniente para la audiencia. Hoy en día, gracias a las redes sociales como Facebook e Instagram, hay Ayuntamientos que incluso organizan encuestas para que los vecinos opinen sobre la programación veraniega, lo que al menos hace que si la película no gusta, la responsabilidad recaiga sobre la mayoría que ha elegido ese título.

El verano de 1999 fue, de manera indiscutible, el verano de *Titanic*. El taquillazo de James Cameron, que en algunos cines de España había permanecido hasta un año entero a razón de tres y cuatro pases diarios, estaba ahora disponible para que lo solicitaran los pueblos que organizaban cine a la fresca. Sin embargo, las copias en 35 mm eran un bien limitado, sobre todo cuando decenas de pueblos querían exhibir ese título. Hoy en día basta con copiar en un disco duro la película que se quiere proyectar y habrá tantas copias como veces le dé uno al control + C y luego control + V. Ilimitadas, vaya. Pero a finales de los noventa en la provincia de Valencia podía haber unas treinta copias de un título y solo cuando salía de un cine podía ir a otro. Después del estreno, las copias iban preferentemente a los cines de reestreno y casas de cultura en los pueblos, que la tenían varias semanas en cartelera. La 20th Century Fox, compañía distribuidora de la película, tenía una subdistribución en Valencia que regentaban los hermanos Coquillat en la calle Dénia, en el barrio de Ruzafa. Allí llamaban desesperados los técnicos de cultura o concejales de los pueblos, que suplicaban por una copia de *Titanic*. Todas ocupadas. Había lista de espera y muchos aguantaban resignados el turno para proyectarla en la terraza de verano o en la plaza del pueblo. Otros, menos pacientes, buscaban alternativas.

Ese verano acompañé a mi padre a poner cine a Jalance, un pequeño pueblo de apenas 800 habitantes de la comarca del Valle de Ayora, muy cerca de la central nuclear de Cofrentes. No era el sitio favorito de Antonio, ya que el pueblo, a pesar de estar en nuestra provincia, quedaba bastante retirado de donde vivimos nosotros. A mí, sin embargo, me parecía una fantasía, ya que al acercarse al municipio podía uno ver las torres de refrigeración de la central nuclear, idénticas a las de Los Simpson. Este era uno de aquellos pueblos cuyo turno para tener una copia disponible de *Titanic* en 35 mm se alargaba más de lo deseado, por lo que alguien del ayuntamiento se fijó en un título de Bigas Luna estrenado meses antes que *Titanic*: *La camarera del Titanic*, protagonizado por una joven Aitana Sánchez-Gijón. Debieron de pensar que la película, una coproducción España-Francia-Italia-Alemania, vendría a ser lo mismo que el romance entre Jack Dawson y Rose DeWitt Bukater, pero con menos presupuesto. Estaban muy equivocados.

Montamos todo lo necesario para la proyección en un recinto al aire libre donde los festeros del pueblo habían instalado unas barras para vender bebida y algunas viandas. El sitio lo recuerdo como agradable y bonito, con guirnaldas de luces amarillas y banderitas. El Ayuntamiento trajo muchas sillas, apiladas contra una pared, y conforme los espectadores iban llegando se iban disponiendo en filas frente a la pantalla. A la hora de empezar no cabía un alma: las localidades estaban agotadas desde hacía rato, había chavales sentados en los muretes del recinto y señoras con niños encima de los contenedores del reciclaje. Aquello del Titanic (o cualquier cosa que se le pareciese) generaba auténtico furor y el pueblo había venido en masa como si de una peregrinación a un lugar santo se tratase. Los festeros no daban abasto vendiendo refrescos y chucherías.

Al poco de empezar la película, empezaron a verse las primeras caras de confusión y, enseguida, de contrariedad. Muchos pensaron que venían a ver *Titanic*, pero esto era diferente. Los que conozcan la filmografía de Bigas Luna sabrán que el erotismo es un *leitmotiv* en sus cintas, y aunque los críticos dicen que esta es su película menos erótica (?), la verdad es que el contenido sexual abundaba. Los decorados no eran los del barco construido por Harland and Wolff, sino los de un hotel de Roma. Las interpretaciones no eran las de Leonardo DiCaprio y Kate Winslet. La música no era la de James Horner y Céline Dion no cantaba aquello de «my heart will go on». Algunos espectadores, visiblemente decepcionados, abandonaban poco a poco el recinto. Antes de salir de allí, alguno de aquellos se encaró con el alcalde, que no sabía dónde meterse. Probablemente pensó que debía haber esperado a tener disponible una copia de *Titanic* y no de aquel invento que quizá le costaría la reelección o, al menos, la antipatía de unos cuantos vecinos y una bronca en el próximo pleno.

No sabemos cómo ni cuándo, intuimos el porqué, pero hubo órdenes de que nos sabotearan la proyección. En un momento dado, y después de constatar que aquello estaba siendo todo un fracaso, alguien tiró con fuerza del cable de sonido que salía del amplificador del proyector, un Marín de 35 mm con linterna de 1000 watios fabricada por mi padre. Debido al tirón en el cable, la máquina de cine cayó al suelo con gran estruendo: la lámpara de xenón reventó, las bobinas y ejes donde van colocadas se doblaron y varios trozos del proyector salieron despedidos. Creemos que fue una estrategia para parar la proyección y que nos fuéramos de allí con viento fresco: ni habíamos elegido la película ni era la manera de dar por terminado un evento que estaba siendo tan alegre como el entierro de un amigo.

Mi padre temía que, con el suceso, hubiera problemas para cobrar la proyección. Formalmente no se le había invitado a parar, así que me mandó al coche a coger la caja de repuestos y el maletín de herramientas. En menos de cinco minutos cambió la lámpara que se había hecho añicos (y que valía más de lo que cobraría por la proyección). Desdobló los ejes con un martillo y cambió la lámpara excitadora (la que lee el sonido) que también se había roto con aquella fechoría. La película volvió a correr por el proyector y la pantalla se iluminó de nuevo. Los espectadores que quisieron acabaron de ver aquella película que, si bien no era lo que esperaban aquella noche, evocaba la tragedia con la que Cameron había entrado en los libros de historia del cine. Fue la última vez que estuvimos en aquel pueblo. Tampoco es que después de aquel suceso tuviéramos muchas ganas de volver.

Recuerdo especialmente bien el verano de 2020, no ya por la cercanía en el tiempo, sino por las circunstancias de ese año. El mundo atravesaba una pandemia, la del coronavirus, que modificó nuestras relaciones sociales y se introdujeron nuevos conceptos en nuestro vocabulario habitual. Los cines bajaron la persiana, igual que el resto de espacios cerrados. La nueva normalidad sustituyó a la antigua normalidad, aunque parece que nadie tiene muy claro la diferencia entre ambas. Terminando la primavera, nos dejaron salir de nuestros hogares y en la oficina nos preguntábamos qué ocurriría ese verano. Temíamos no hacer ni una proyección, con la consiguiente ruina para el negocio. Sin embargo, el verano de 2020 fue el mejor verano que hemos tenido en cuanto a volumen de proyecciones. Con las restricciones, distancias de seguridad, mascarillas y gel hidroalcohólico, resultó que las sesiones de cine al aire libre se evidenciaban como un evento seguro, de los pocos que se podían hacer con las garantías sanitarias que imponían las autoridades. Mientras las verbenas, las fiestas de la espuma y la suelta de vaquillas por las calles estaban temporalmente prohibidas, el cine a la fresca era visto por las autoridades locales como un oasis para el esparcimiento veraniego. Trabajamos prácticamente todos los días entre el 1 de julio y el 31 de agosto, los Ayuntamientos llamaban al despacho preguntando si nos quedaban fechas libres y qué títulos podían programar. Hacíamos malabares con el calendario, agendando proyecciones por toda la provincia de Valencia.

La primera proyección de ese verano fue en nuestro pueblo, Catadau, en la Ribera Alta. Nuestro municipio siempre ha sido un buen cliente y en verano solemos hacer dos proyecciones, a veces tres, dependiendo del calendario de actividades. Unas veces en la piscina municipal, otras en la plaza del pueblo. En esta ocasión el verano se inauguró en la avenida Santa Bárbara y la película elegida por el concejal fue _La chica danesa_, una cinta excepcional con Eddie Redmayne y Alicia Vikander que narra la historia de un hombre que se siente mujer y empieza a vestir y a actuar como tal. Como es costumbre, la proyección se anunció en el tablón del ayuntamiento y en redes sociales varios días antes. Sobre las ocho de la tarde del día de la proyección se pudo oír en todo el pueblo la voz metálica del alguacil por la megafonía del bando recordando a los vecinos que la sesión de cine tendría lugar a las diez y media en el lugar convenido.

Cuando llegamos al lugar de la proyección, un operario montaba las sillas pertrechado con una cinta métrica y las disponía respetando una distancia matemáticamente calculada para evitar que los espectadores se tosieran demasiado cerca. Montamos la pantalla y el proyector, esta vez un equipo láser digital de 2K Digital Projection fabricado en Reino Unido que estrenábamos ese verano. Nada idílico, pero con una calidad de imagen excepcional. «Los tonos pastel de *La chica danesa* van a lucir magníficos en la pantalla», pensé mientras daba por válidas las pruebas de imagen y sonido y realizaba los últimos ajustes en el equipo, como acabar de tensar la pantalla para quitar las molestas y poco estéticas arrugas que a veces quedan en alguna esquina. Eran las diez y cuarto y apenas habría dos o tres personas ya ocupando sus asientos y el concejal estaba visiblemente inquieto por la falta de público a tan solo un cuarto de hora de comenzar la proyección. A la hora de empezar, habría unas diez personas y José David, el regidor, me pidió que esperara cinco minutos más, por si acaso llegaba algún rezagado. La costumbre de esperar un poco por si viene alguien con retraso es asumible cuando son un par de minutos o a lo sumo cinco. Hay espectadores que llegan con media hora de antelación y es una falta de cortesía hacia ellos, o los que hayan llegado puntuales, alargar la hora de comienzo más allá de lo razonable. Por mi experiencia, el público es maleable y sucumbe a las costumbres: si en un lugar de proyecciones habitual esperamos a que los últimos que llegan tomen asiento, siempre habrá gente que llegue con retraso, pero si uno es inflexible a la hora de empezar, como en un cine comercial, el público acabará llegando con la debida antelación para no perderse el comienzo de la película. Aunque siempre habrá espectadores que lleguen cuando les dé la gana y algunos hasta tienen el poco decoro de afearte que hayas empezado con puntualidad meridiana. A estos últimos, ni caso.

Pasadas las diez y media comenzó la película, con el despliegue de sillas blancas prácticamente vacío. El concejal tenía el gesto torcido y me dijo que no entendía nada, que una película oscarizada con semejante cartel debía haber congregado más público. Yo lo achaqué al miedo que aún calaba en parte de la población a contraer el COVID. En pleno debate sobre las razones del desplante general se acercó Julia, una vecina jubilada que se apuntaba a todo lo que hicieran en el pueblo, ya fuera una carrera de sacos o una discomóvil. Se dirigió al concejal y le preguntó si no estaba al tanto de la última homilía del párroco municipal. El pastel se descubrió con la confesión de la vecina: el cura había hecho una encendida crítica desde el púlpito de la iglesia exhortando a los feligreses a que no vinieran al cine, pues, en su opinión, era una película pervertida que iba contra los valores cristianos. El concejal puso ojos como platos y yo no daba crédito. Resulta que el mitin político del páter había corrido como la pólvora por el pueblo y el público potencial se había quedado en casa a resguardo tanto del coronavirus como de las ideas trans que sobrevolaban el metraje de la película, como si de la España de los años sesenta se tratase. Afortunadamente, este cura con ideas de ultraderecha que había enfrentado a media parroquia y que en vísperas de elecciones recomendaba votar a los herederos intelectuales del franquismo, duró poco y lo mandaron a otro sitio a pontificar. Luego tuvimos a uno que se ponía del revés en la taberna y que vivía en pecado con la que debía de ser su novia. Pero eso es otra historia.

Dos veranos después, el COVID aún resonaba en los noticiarios y en nuestra vida diaria, aunque con menor intensidad y parecía que la pesadilla iba tocando a su fin. Las restricciones ya eran mínimas y el cine al aire libre se podía disfrutar sin mascarilla y sin que los pobres operarios municipales tuvieran que colocar las sillas regla en mano ajustando las distancias al milímetro. Las verbenas de las fiestas patronales volvían a poner los éxitos de los noventa y las vaquillas ya corrían por las calles empedradas. De la pandemia conservamos como clientes un buen número de Ayuntamientos que le cogieron el gusto a eso de colocar una pantalla en la plaza del pueblo y ofrecer cine de verano. Fuimos por primera vez a muchos pueblos en los que los más mayores nos contaban que hacía décadas que no se ponía una película al aire libre. Y que dure.

A finales de agosto de 2022, ya con la temporada de cine ambulante entrando en su fase final y con menos fechas en la agenda, me acerqué una noche a la Filmo d'Estiu, una iniciativa de la Filmoteca Valenciana que traslada las proyecciones de su sede en el Rialto al antiguo cauce del río Turia de la ciudad de Valencia, justo debajo del Palau de la Música, en los jardines donde la ciudadanía practica deporte o pasea a sus mascotas. Desde hace algo más de treinta años, la institución cinematográfica valenciana ofrece un mes de sesiones de cine al aire libre a un módico precio y con una excelente programación, con un éxito abrumador: las quinientas sillas que se instalan se suelen llenar y si no va uno con la antelación debida, corre el riesgo de quedarse sin ver la película.

Aquella noche fui a visitar a mi amigo Vicent Ramón, que estaba de operador en el efímero cine. La película era realmente lo de menos, ya que la animada charla con mi amigo era el aliciente que me hacía meterme en un cine en mi día libre. *Titane*, de Julia Ducournau, era la película que se proyectaba esa noche, y nada más llegar, con un refrigerio en la mano, sentados en la zona de empleados a los pies de la caseta de obra que hace las veces de cabina de proyección, Vicent me contó que la película tenía escenas realmente fuertes y que la noche anterior hubo una espectadora que se desmayó por la crudeza del metraje. Yo pensé que no sería para tanto y que probablemente la señora fue con el estómago vacío o tenía poca tolerancia al gore. Mientras cenábamos el bocata reglamentario, la sesión dio comienzo y no presté demasiada atención a la película. El personal de la taquilla, ya cerrada y con el cartel de «No hay entradas» colgado en la puerta, se nos unió a la mesa y corroboró la historia del desmayo. Una de las chicas insistió en que la película era muy desagradable. Al final me pudo la curiosidad, así que cogí la silla y me planté justo debajo del haz de luz que salía de la cabina a ver si realmente la película era tan gore como decían. La verdad es que en el aspecto visual la cinta era muy atrevida y tenía escenas que no son para alguien que tenga el estómago sensible. Al poco de centrar mi atención en la historia, la joven protagonista trata de practicarse un aborto en su casa con una especie de palo que le sujetaba el pelo recogido en un moño unos segundos antes. Todo excesivamente explícito, con el palitroque entrando y saliendo en sus partes y con el consiguiente desgarro vaginal y el sangrado, todo aderezado con gemidos de dolor. A los pocos segundos se oyeron gritos entre el público en la zona más cercana a la primera fila. Confusión. Enseguida, más gritos y aspavientos al otro lado del patio de butacas. Se añadieron más ayes y gritos en dos sitios más de la sala, pero esta vez alguien pedía a voces una ambulancia. Cuatro desmayos simultáneos, uno de ellos con brecha en la cabeza y sangre a borbotones obligaron definitivamente a parar la proyección y encender las luces de la sala. Por megafonía se pidió calma al respetable y en unos minutos una ambulancia bajaba por uno de los accesos al río para llevarse al hospital a la señora que, al caerse desmayada, se había abierto la cabeza contra el suelo. El gerente de la sala, al pasar cerca de mí, me dijo que en treinta años de funcionamiento de la Filmo d'Estiu no había tenido que parar nunca la proyección. Para todo hay una primera vez, supongo. Durante la espera de la ambulancia prometida le pedí fuego a unos muchachos que asistían con incredulidad al fortuito espectáculo y me decían, entre risas, que aquello no era para tanto. Cada película tiene su público. La película se proyectó dos días más. Yo le escribía a Vicent cada noche preguntando si había daños que lamentar, pero afortunadamente nadie más resultó herido y las siguientes dos sesiones terminaron sin incidentes. Menos mal.

El verano siguiente, un concejal de cultura me pidió varios títulos para proyectar al aire libre, entre ellos *Titane*. Yo descolgué el te-

léfono porque aquello merecía una charla y no un correo electró-
nico y le conté lo sucedido el verano anterior en la Filmo d'Estiu.
Me confesó que no la había visto, que le habían hablado bien de
la película, pero que, para evitar sustos, mejor ofrecer otro título.
Celebré su cambio de opinión y afortunadamente pusimos una
para toda la familia. Programar cine al aire libre no es algo que
convenga tomarse a la ligera.

Antonio Aguilar proyectando al aire libre *El penalti más largo del mundo* con un proyector
Marín MP40, en el interior de la provincia de Valencia. Verano de 2006. Foto: Yuri Aguilar

7. AL FINAL, APLAUSOS

Los aplausos del público, en la mayoría de las proyecciones, marcan el final de la sesión y es cuando toca desmontarlo todo, recoger y volver a casa. Ser los responsables de que muchas familias hayan pasado una noche agradable a la luz de la luna viendo una película es algo que reconforta y hace que encarar el trabajo de desmontar, a veces en noches tropicales de casi treinta grados, sea algo más estimulante y que el sudor importe menos. Las carcajadas del respetable cuando la película es una buena comedia suelen ser como la risa en la película *Monstruos S. A.*, que casi la puedes usar de energía. Martin Landau, en esa joya cinematográfica que es *The Majestic*, de Frank Darabont, le dice al personaje que interpreta Jim Carrey que, trabajando en un cine, y más estando de operador, es inevitable creerte responsable de que el público lo pase bien y disfrute con la película. Cuánta razón.

Estas sesiones, además, suelen ser la primera toma de contacto con el cine de muchos niños, que hasta ese momento solo han visto una película en el salón de su casa o, en el peor de los casos, en el móvil o la *tablet* de mamá o papá. Enfrentarse a ver una película en pantalla grande por primera vez, para muchas criaturas, es algo de lo que ser testigo sigue siendo algo maravilloso.

El contacto con el público es desigual y cada vez es menor, por desgracia, ya que el individualismo social hace que a mucha gente le dé reparo hablar con desconocidos. Muchos se acercan a preguntar si van a hacer cine, como si eso de ver una pantalla y un proyector en medio de una plaza o de una calle no fuera amenaza o pista suficiente. La mayoría de los que se atreven a interpelarnos mientras montamos todo lo necesario para la proyección pregunta por la película. Casi siempre la respuesta es recibida con agrado, pero hay vecinos que el título elegido no les convence. La respuesta siempre es tajante: «Nosotros no elegimos la película». Otros cuestionan la hora de inicio, la duración de la cinta o hacen otras consideraciones de dispar relevancia: al final, somos unos mandados y mientras que en una verbena el DJ tiene poder sobre lo que suena a través de los altavoces, nosotros hacemos lo que nos piden las autoridades municipales.

Mientras uno monta o desmonta, suele haber cierta clase de público que se acerca a contemplar la operación, como los jubilados que vigilan el desarrollo de un edificio en construcción. Al llegar a la ubicación convenida para el cine, que suele ser una plaza, es habitual que la zona haya sido acotada previamente por la policía municipal y cerrada al tráfico con vallas. Para poder entrar con el furgón y el equipo hay que mover alguna valla e incluso, siguiendo instrucciones de las autoridades, entrar con el vehículo en dirección prohibida para poder acceder a la ubicación. En estas situaciones, que se dan verano tras verano, nunca falla el espontáneo que te afea la operación o que te advierte de que «Por aquí no se puede pasar, que van a hacer cine». Algunos hasta se enfadan y te gritan. Cuando ven en nuestro uniforme la claqueta con la leyenda «Cine d'Estiu», reculan. La frase con la que suelo salir del paso es que «Si no entramos, poco cine va a haber...».

En aquellos años en que el proyector que amenizaba las noches de cine era de 35 mm, no faltaba verano en el que no se acercara un señor mayor con el nieto o un padre con sus hijos a ver la máquina. «Mira hijo, como antiguamente», frase que escuché en incontables ocasiones y que me hacía esbozar una sonrisa. Otros trataban, no sé si intencionadamente, de desprestigiar el aparato calificándolo de reliquia, pensándose que quizá lo habíamos sacado de algún museo. Dependiendo del día me apetecía ser más o menos didáctico y acababa explicándoles que el proyector apenas tenía diez o quince años, que lo que no había cambiado era el formato de proyección. Si tenía tiempo les enseñaba el funcionamiento, por dónde pasaba la cinta, que la película ya proyectada se recogía en esta bobina... La gente se iba satisfecha con la clase improvisada de tecnología cinematográfica. Otros hasta se hacían fotos. De tanto en tanto, al ver el trasiego de bobinas de película, se acercaba algún señor mayor a contarnos que había sido operador de cine y que ver todo aquello le recordaba a su época de juventud. Las charlas con este tipo de personas siempre son agradabilísimas y en ocasiones resultaba que mi padre conocía el cine o la cabina de proyección en la que habían trabajado porque alguna vez reparó alguna de las máquinas. A veces la charla se alargaba en algún bar cercano con un refrigerio en la mano si había tiempo antes de comenzar la sesión.

Probando luz y sonido no faltan los que vienen corriendo al puesto de proyección. Algunas veces «tiramos foco» (como se le llama a encender el proyector y centrarlo respecto a la pantalla) y ponemos algún trozo de película, que no tiene por qué corresponder a la cinta que se proyecta esa noche. El espontáneo de turno nos advierte, muy convencido, de que esa no es la película de hoy, creyendo que está evitando una catástrofe. «Solo estamos probando, no se preocupe», suele ser la respuesta habitual que hace disipar sus temores. Es en este punto, en medio de la prueba, generalmente una hora antes de que dé comienzo la película, es cuando se acercan corriendo varios chavales a preguntar si ya empieza. Esto ocurre todos los veranos sin excepción. Que aún sea de día o no haya nada de público no les hace sospechar que solo se trata de que estamos comprobando las líneas de sonido o el centrado del proyector. Ingenuidad infantil, supongo: todos hemos pasado por ahí. Aquí solemos ser escuetos: «Estamos probando el equipo».

Suelen darse media vuelta, no se sabe si aliviados o decepcionados. Si hay algo que le gusta a la chavalería cuando ven los artilugios del cine es venir a tapar con la mano el foco del proyector y hacer sombras chinescas en la pantalla. Solemos ser didácticos: «Niño, ¡quita la mano!». Una vez nos lo hizo una señora ya entrada en años, que aquello de hacer un conejo con las manos y que se viera en la pantalla le parecía algo divertido. Yo le llamé la atención, pero sin abroncarla: «Señora, que ya tenemos una edad…».

Los títulos de crédito dan por finalizada la sesión, pero no siempre. Es habitual que en las películas de Marvel haya una escena poscréditos, por lo que en un cine comercial pocos se levantarán de la butaca al leer el «THE END» en la pantalla. En la calle es otra cosa: al acabar la película es como si llamaran a zafarrancho de combate y en menos de cinco minutos la plaza se convierte en un páramo y recogemos el equipo con la única compañía de los operarios que recogen las sillas y barren el maremágnum de palomitas, pipas y botes de refresco vacíos, el electricista municipal que enciende las farolas tras la película o la vecina que sale a pasear al perro. Los créditos, en un cine comercial, son sagrados: no se apaga el proyector ni el sonido hasta que el último espectador haya abandonado la sala. En el cine ambulante suele ser así, pero a nadie le apetece, a la una de la madrugada, saber quién era el segundo asistente del jefe de eléctricos de la película. En el Club Diario Levante, donde los socios veían varios preestrenos semanales, una pareja solía quedarse hasta que salía la última línea de créditos. El resto de los espectadores, más de un centenar habitualmente, despejaban la sala en menos de dos minutos, pero estos dos nos obligaban a retrasar el apagado del proyector hasta el final absoluto del metraje. La rabia nos invadía a mi padre y a mí en películas rusas, chinas o azerbaiyanas: era poco probable que la feliz pareja supiera cirílico y entendieran lo más mínimo las letras que recorrían la pantalla.

Antonio Aguilar probando el proyector Marín MP30 antes de la proyección. Foto: Yuri Aguilar

En el verano de 2004 proyectamos *Spiderman*, de Sam Raimi en Bonrepòs i Mirambell, en l'Horta Nord de Valencia. Al terminar la película, después de los aplausos que confirmaban que el público había quedado satisfecho, un señor se quedó en primera fila, absolutamente solo, leyendo todos los créditos. Le proyectamos, casi a modo de burla, la cola final del último rollo, esa en la que aparecen números y la señora de Kodak que sirve para ajustar la colorimetría en el tiraje de la copia. Cuando la máquina se quedó sin película y en la pantalla solo había un haz de luz blanco parpadeante, aquel espectador seguía sin moverse. Nos temimos lo peor, pero a mis quince años me armé de valor y me acerqué a su silla: el tipo se había dormido y le habíamos proyectado los más de cinco minutos de créditos para nada, con el consiguiente retraso en desmontar. Es razonable que a las horas que terminamos queramos recoger pronto para llegar a casa no demasiado tarde.

Volviendo de dar cine en cualquier sitio, uno va repasando mentalmente la agenda de la semana o pensando en cómo mejorar el servicio que presta, si es que el compañero que va contigo de copiloto se ha quedado dormido o no te da conversación. Hace años, volviendo de proyectar una película al aire libre en Benaguacil, nos paró la Guardia Civil en una rotonda a pocos kilómetros de casa. El guardia inspeccionó la furgoneta con la linterna y le preguntó a mi padre que de dónde veníamos. Antonio contestó que regresábamos de dar cine en la calle, de ahí que lleváramos el furgón con todo el material. El guardia le preguntó que si llevaba encima las facturas de compra de los aparatos. Se hizo un silencio sepulcral. Mi padre, a los pocos segundos le espetó, sin la menor vacilación, mirándole muy fijamente: «Oiga, ¿a que usted no lleva encima la factura de la gorra que tiene puesta?». El silencio lo cortó el guardia apagando la linterna y espetándole: «Circulen». Yo pensaba, en mi más tierna infancia y consiguiente ingenuidad, que acabábamos en la cárcel.

Poner cine en la calle es una de las profesiones más bonitas que se me podían haber ocurrido, aunque solo dura lo que el estío y durante los otros diez meses del año toca repasar equipos, limpiar cables, comprar materiales nuevos o ajustar los proyectores. Durante las Navidades, algún Ayuntamiento nos pide cine navideño, pero siempre lo hacemos en un interior. A nadie se le ocurre sentarse a cinco grados en una plaza a ver una película. Para la gran mayoría de españoles, el verano es sinónimo de playa, sol o vacaciones. O no hacer nada, cosa muchas veces merecida. Para mí, es la llegada de los dos meses más ajetreados del año. Septiembre llega con nuevos retos y otros quehaceres: proyecciones en festivales o cineclubes y la venta, alquiler y reparación de suministros cinematográficos a empresas y particulares. Desde hace poco, muchos rodajes. Al fin y al cabo, como dice el narrador al final de la película *Después de medianoche*, de Davide Ferrario: «Las películas acaban, pero el cine no termina nunca».

AGRADECIMIENTOS

Las personas que tienes a tu alrededor te ayudan, generalmente, a ser la mejor versión de uno mismo, si eliges bien tu círculo. Gracias a muchos de mis amigos soy mejor persona y también mejor profesional. A todos ellos, mi eterna gratitud. Siempre he contado, por fortuna, con el apoyo incondicional de mi familia, a la que nunca agradeceré lo suficiente su ayuda para llevar a buen puerto mi abarrotada agenda veraniega: Mari Carmen Sanz, Lara Aguilar y Alex Soucasc. Gracias a Alfredo Pons por acompañarme en muchas proyecciones y hacerme más amenos los trayectos hasta los lugares más recónditos de nuestra geografía. Gracias a Vicent Ramón por la amistad y las anécdotas compartidas. Gracias a David van der Veen por todo el amor que ha puesto en la portada de este libro. Gracias a los centenares de operadores que dieron cine en los lugares más insospechados y en las condiciones más adversas. Y gracias, finalmente, a los miles de alcaldes, concejales y técnicos de cultura que siguen apostando por llevar a sus municipios el cine a la luz de la luna.